開発マンが書いた調査の本

マーケティングリサーチの使い方

髙見健治

開発マンが書いた調査の本　マーケティングリサーチの使い方

もくじ

コラム

第2部　開発における調査の使い方

コラム

はじめに　本書を書くにあたって

この本を書く動機は、私のキャリアと深く関係している。食品メーカーに就職し、営業職を経て、商品開発に携わった。その後、営業職に戻り、3年後にマーケティングリサーチの部署に異動。マーケティングリサーチの部署では、調査業務を通じてマーケティングや開発の支援を行うのだが、「調査とは何ぞや?」的な自問自答を行うことになる。これは重要なことで、意義やイデオロギーによって、行動が変わってくる。この自問自答を開発の支援を題材に説明する。

マーケティングリサーチの業務は、調査を通して、売れる商品の開発に寄与することである。開発された商品が売れると会社の業績に大いに貢献する。では、売れる商品の開発に寄与する調査とは、どんな調査であろうか。

調査の目的は一言で言うと「消費者を知る」ということになるが、消費者を知ると売れる商品ができるのか。そもそも消費者を知ることなどできるのか。調査結果に従って、売れる商品ができるのか。まあ、迷路に入り込むようなことになる。

そして、マーケティングリサーチの仕事をする中で試行錯誤しながら、たどりついた結論は、「調査をうまく使えば、売れる商品の開発に寄与できそうだ」という、なんだか当たり前の話である。

しかしながら、この当たり前の話にたどり着く思考プロセスがとても大切なことに気付く。本来、開発にとって重要なものは、アイデアと技術である。もちろん他にも大事な要素はたくさんあるが、開発の根幹をなすものだと思う。

調査とアイデア、調査と技術は、どう結びつくのだろうか。良いアイデアを生み出すもとになる調査ってできるものなのか。技術の発展や活用に寄与できる調査って、あるのだろうか。

これらのことを考え、調査の効果的な使い方を見出すことが大切なのだ。マーケティングリサーチの業務とは、調査をうまく使いこなすことである。

平たく言うと、良い道具があっても使い方がうまくなければ、良い結果に結びつかない。良い道具をどのように使うかが重要。使い方をいろいろ考え、工夫しながら、効果的な使い方を見つける、ということになる。良い道具は調査部門や調査会社が提供してくれるとして、それをいかにうまく使うかに焦点を当てたのが本書の内容となる。

この本を書くにあたって、私のマーケティングの考え方に大きく影響を与えた方を紹介しておく。いわゆるマーケティングの先生である近藤真寿男氏。本書の内容は、この方に教えていただいたことを自分なりに発展させ、整理して記述したようなものである。

この方との関りは、20代で営業職から商品開発の部署である商品企画部に異動したときから始まった。この方のマーケティングセミナーに参加し、感銘を受けた。しばらくしてから後にマーケティングリサーチの部署に管理職として異動したとき、この方にコンサルティングをお願いし、開発やマーケティングを支援する調査のあり方についてご指導いただいた。私のマーケティングの考え方は、この方から受け継いだものだ。

さて、本書の使い方について、説明する。

第1部は、開発の考え方やそれに対応する調査など、ひととおり通して記述している。考え方の理解と流れの把握をしてもらうためである。第2部では、それぞれの開発作業のために用いる調査について詳細に述べる。第2部は、のちのち実務の必要に応じて、調べ読みをしてもらえればと考えた。

あと、本書の題名だが、私は開発の仕事が長く、10年以上に及んだ。マーケティングリサーチの部署では、管理職として赴任したので、いかに調査を通してマーケティング、とりわけ開発に寄与するかを考えた。常に開発マンとしての視点で調査を捉え、考え、指導や指示をした。つまり、開発マンが調査のあり方を指導したという感覚だった。その経験をもとにこの本を書くことにしたため、このような題名にした。

皆さんの業務に貢献できれば幸いだと思います。

第1部　開発のための調査

第１章　そもそも調査とは

まず、調査という概念を整理しておきたい。調査とは、情報を集め、解析する作業のことである。アンケートによる情報収集をアンケート調査、スーパーやコンビニの店頭で調べることを店頭調査、選挙の投票所前で行う出口調査、など多種多様である。それぞれの目的に応じて、情報を収集し、集計や分析する行為を調査と呼ぶ。必ずしもアンケートやインタビューによるものに限らず、観察する、見て歩く、など多岐にわたる方法で情報を集め、解析することを意味する。

つまり、情報の取り扱い行為が調査である。従って、調査が何かを教えてくれるのではなく、調査によって集められ、解析された情報を読み解くことによって、何かを知ることになる。どんな情報を集め、どのように解析し、どう読み解くか？　これが調査のノウハウになる。

この「どんな情報を集め、どのように読み解くか？」を考えるためには、調査の目的、「なんのために行う調査か」、言い換えれば、「情報を集めて、何を知りたいのか？　知ったことをどう使うのか、どう活かすのか？」がとても重要なことがわかる。集めたい情報が違うと当然集める方法が違い、どう解析するかによって、解析する方法も違う。あくまで主役は情報であって、調査という行為ではない。

「調査は、情報を集め、解析し、読み解く、一連の行為である」

なぜこんなことをことさら強調するかというと、よくあることだが、方法論（調査手法）の議論に終始して、肝心の「何のために？」という議論がなおざりにされることが多いからである。

また、調査の目的が開発やマーケティングに寄与することではなく、開発やマーケティングの手順として調査というステップがあるので、調査をする。上司や他部署、経営者から「調査はしたのか？」「どんな調査をしたのか？」「調査結果はどうだったのか？」と聞かれるため、どんな調査をするのかを議論し、調査を行う。こういうことになっているケースが多いのではないかと思われる。

調査によって、何かを知り、それを開発に活かしていこう、というのではなく、上司や関連部署、経営層を説得するために調査を実施する、調査結果を使う、ということはよくあることである。まあ、これもりっぱな調査の目的と言えるが……。こういう目的で調査をする場合は、開発マンが期待する調査結果を導き出したい。そのようなやり方もあるのだが、ここでは触れないことにする。本書の趣旨と違うため。

調査の目的について、もう少し触れておきたい。調査の目的で最も重要なものは、「調査結果をどう使うのか？　どう活かすのか？」という問いに答えることである。つまり、何らかのアクションに繋がることが重要であり、何のアクションにどう活かすのかを明確にしておかなければならない。

出口調査なら、選挙速報の開票率1%で当確を出すために活かされる。つまり、他局より早く当落情報を速報し、当該局の選挙速報が他より早くて正確という評価を得て、視聴率を獲得する、となる。

このように目的が明確だと、あとはその目的を達成するための最良の手段を検討すればよい。

もちろん、その最良の手段というものを見出すことは、難しいことなのだが、少なくとも、目的が明確だと方法論の検討であるため、議論の軸はブレない。議論の軸がブレるのは、目的と方法論がごっちゃになって、一緒に議論される場合である。

目的が明確であれば、ゴールラインは設定しやすい。ゴールラインが明確であれば、手段や手順を検討しやすくなる。従って、無駄の少ない、言い換えればコスパの良い調査が組めるということになる。

目的やゴールラインに影響がない、もしくは少ないものを省くことができるからだ。

「調査において、もっとも重要なことは調査目的である」

付け加えておくと、世の中には、「調査はしていない。自分の感覚で決めた」というようなことを言う人もいるが、それはちゃんとしたマーケティングリサーチをしていないという意味で、情報を集め、読み解くことをしていないという意味ではない。

街を歩き、人の話を聞き、テレビを見て、世の中の変化や人々の嗜好を感じ取っているとすれば、情報収集はなされており、自分なりに解析して、読み解いている。つまり調査をしていると言える。

第2章　ビジネスは未来予測である

ビジネスは、未来を予測することである。次年度の事業計画を組むには予測が必要な要素であり、中期計画は予測される事業環境をもとに作成される。新製品開発は、その製品が発売されるときの市場環境や顧客の反応を予測して開発されるものであり、売れ行きを予測し、設備投資や売上予算などを決めていく。

とても予測とは言えない希望的観測に基づいた事業計画やマーケティング計画は山のようにあるが、これは計画というより希望や願望に近い。ビジネスを成功させるためには、未来予測は絶対的に求められることである。正確に予測できれば、ビジネスにおいて最強である。

古代においても、占い師が未来予測者として大きな権力を持っていた。下手をすると王様より強い権力をもっていることもあったようだ。いつの時代も未来予測することを求められ、未来予測ができれば、戦いに勝つこと、ビジネスで成功を収めること、あらゆる森羅万象を操ることができる。もちろん、それが困難であるから多くの敗戦やビジネスの失敗が存在する。

調査は、この未来予測を行うための材料であると言える。

情報を集め、解析し、読み解くことによって、将来起こりえることを予測する。もしくは予測の材料にする。そしてこの予測は、どんな市場を狙うべきか、どんな商品が顧客に買ってもらえるか、どのようにコミュニケーションをすれば認知してもらえるか、どんなサービスが喜んでもらえるか、事業としてうまくいくか、儲かるのか、投資に見合う売上利益が確保できるのか、など、ビジネスのあらゆる場面に貢献する。調査には、社内説得の為だけではなく、有用なビジネスツールになりえる可能性が大いにある。

「調査は、未来予測の為の材料である」

当然、材料だけでは良いものはできない。料理であれば、良い食材があっても腕の良い料理人がいなければ、良い料理はできない。同じように良い調査をしても、それを扱う開発マンやビジネスマンが、使い方を熟知している、使いこなすノウハウを持っている、ということでなければ、宝の持ち腐れということになる。ただ、すでに使い方を熟知している、使いこなすノウハウを持っている人は、本書を必要としないだろう。

これから調査の使い方を学び、すぐれた結果を出そうという人に向けて、調査をどう使うと良い結果が得られるかを記述するつもりである。

料理で言えば料理本、本の通り料理をすれば、それなりにおいしい料理ができる。同様に本書で学んでもらって、そのノウハウを使えば、ビジネスや開発で良い結果が期待できるということを願っている。マーケティングリサーチに限らず、あらゆる情報を使いこなす、情報から何かを感じ取り、予測し、良い結果を導き出すことが、ビジネスや開発において、有用なことは言うまでもない。


この情報を使いこなす達人が優秀なビジネスマンだと言える。

これまでの議論でわかる通り、「情報を使いこなす」＝「未来をうまく予測する」となるので、「情報を使いこなす」達人＝「未来をうまく予測する」ことができる人、ということになる。つまり、情報を上手に使って、未来をうまく予測する人は、優秀なビジネスマンである、と言い換えられる。

そして、まれに小さな変化や兆候から、これからやってくるであろう大きな変化を直感で感じ取ることができる人がいる。このような人は、ビジネスの天才だと思う。すばらしい感覚・感性を持ち、ずば抜けた洞察力や想像力の持ち主だと思われる。

普通の人は、天才を真似てはいけない。天才による成功事例を本で読み、「なるほど！」と感心して、「自分も見習わなきゃ」と思うと、とんでもないことになる。しかし、そのような天才が成功するさまを書いた本が売れる。面白いからだろうが、実務的にはあまり参考にはならない。

普通の人は、ノウハウを学ぶことによって、情報を、調査を、使いこなし、未来をうまく予測できれば、開発やビジネスを成功に導く優秀な開発マンやビジネスマンになることができる。

◇◇◇◇◇◇

未来予測とSF

考えてみれば、携帯電話やAIスピーカーなどは、ついこの間までは、SFの世界の話だった。今では何の違和感もなく、生活の中にある。これらの開発は、もちろん技術の発展がもたらしたものではあるが、どんなものが必要とされるか、どんなものがあると便利か、どんな技術が価値を生み出すか、といった考えには、未来生活の創造がある。SFとは遠い未来の創造であり、ビジネスは近未来の創造と言える。

SF作家になったつもりになって、自分が関わっている業界がどんな未来になるか想像してみるのも面白いかもしれない。

第3章　商品開発のステップ

商品開発のそれぞれのステップについて、考え方を述べていきたい。商品開発のステップや進め方は、カテゴリーや企業によって違う。開発目的や開発に期待されることも違うだろうし、担当する部署や与えられた開発期間も違う。一概に語ることは難しいのだが、ここでは一般消費財を念頭に置いて、話を進めていく。できるだけ広く適合するべく、基本的流れを意識して説明する。

(1) 狙うべき市場の特定

商品開発のスタートは、「どこを狙うか」から始まる。ターゲット、消費・使用シーン、カテゴリー、サブカテゴリーなど。つまり、狙うべき市場の特定ということになる。

狙うべき市場の特定は、おそらく重要な開発作業のその1である。市場といっても大きな市場ではなく、セグメントされた市場を言う。狙うべき市場がうまく特定できれば、新製品の成功確率は、高くなる。

顧客が新製品を望んでいる。市場が拡大し、新製品が投入される余地が大きい。市場は停滞気味だが、新しい切り口を持つ新製品の登場によって、市場が大きく変化する可能性がある、スキマ市場があるなど。新製品が生まれるべくして生まれるような市場を探し、特定することが新製品成功の重要な条件だと思う。

市場環境によって、新製品が成功する確率は変わってくる。いわゆる「レッドオーシャン＝競争の激しい既存市場」に既存商品の改良型の新製品を導入することは、新製品の成功確率があまり高くないし、いかんせん効率が悪い。高コスト低リターンのケースが多い。もちろん、画期的な新製品であれば、市場環境に関わらず、成功することができるのだが、そういうケースは多くはないであろう。

経営者や上職者が狙うべき市場を特定してくる場合や中期計画などで新市場開拓として開発すべき市場が特定される場合がある。新市場開拓と言っても、市場は既存市場であって、自社にとって新市場であることが多い。このように開発側が主体的に狙うべき市場を特定できないケースがある。

その理由が市場の拡大が期待できる、自社の技術が強い武器になる、など、何らかの合理的理由があればよいが、そうではなく別の理由、つまり開発にとって合理性のない理由によって、狙うべき市場が特定されていると苦戦を強いられるケースが多い。この場合は、切り口か技術の勝負ということになる。

自社の技術や長所が活かせる市場で、なおかつ、伸びしろがある市場やスキマ市場、新しく生まれる可能性が高い市場などで戦うのが最良の開発戦略であり、新製品の成功確率を高められる環境であると言える。

◇◇◇◇◇◇

ブルーオーシャン戦略

ブルーオーシャン戦略とは、INSEAD教授のW・チャン・キムとレネ・モボルニュが書いた本で述べられている経営戦略論のことである。新しい価値を生み出し、競合の少ない市場を創造し、高付加価値で低コストのものを提供することで、大きな利益を生み出すことができると提唱した。

競争の激しい既存市場を「レッドオーシャン」とし、血で血を洗う競争の激しい市場であるとした。一方、競争の少ない未開拓な市場を「ブルーオーシャン」として、競合が少ない市場を切り開くべきであると述べている。

新しい価値生み出すために「バリュー・イノベーション」という考え方によって、市場の再定義が必要だとしている。そのためのツールやフレームが提示されている。

自分の業界において、「減らす」「取り除く」「増やす」「付け加える」というセグメントで事業を整理し、競争要因を排除して、ブルーオーシャンを創り出すことができると説明している。

また、競争要因とそのレベルをマトリックス上にプロットし、自社の取り組みと競合会社の取り組みを比較して、新たな市場を創造できる可能性を見出すことも説明されている。

単なる差別化戦略ではないかと思われるが、この本では、新しい市場の創造として、述べられている。「シルク・ドゥ・ソレイユ」などが例として挙げられている。

(2) 切り口の探索

狙うべき市場が特定されれば、その市場で成功しそうな新製品の切り口を探すことになる。開発を成功させるためには、今までにない新しい切り口が必要である。この新製品の切り口が新製品成功のカギを握る。

この切り口を探すために必要なものは、丁寧な探索や考察、角度を変えた視点などであるが、やはり決め手になるのは、ひらめきやアイデアである。ひらめきやアイデアによって、すぐれた切り口が見つけられる。ひらめきやアイデアというと、苦手に感じる人や才能がなせるものと思う人がいるかもしれない。

アイデアを代理店や企画会社などに依頼し、それらに依存する開発マンがいるようだが、自分でアイデアを出せない開発マンは、アイデアの面白さや魅力がわからない。自分でアイデアを出すことができない人にアイデアを評価することはできないと思う。

ひらめきやアイデアは、訓練によって生み出せるようになる。

従って、開発マンは日々、アイデア出しを行い、鍛えておくべきである。実際のアイデア出しの作業では、良いアイデアがでるまで、アイデアを出し続けることが必要とされる。良いアイデアを出す秘訣は、良いアイデアが出るまでアイデアを出し続けることである。たとえ最初は良いアイデアがなかなか出せなくても、アイデアを出し続ければ、ひらめきを誘発し、良いアイデアが生まれてくるようになる。

よく「生みの苦しみ」と言われるが、すぐれた開発には、この「生みの苦しみ」はつきもので、その苦労や手間、時間を厭わなければ、必ず良いアイデアを出すことはできると思う。

◇◇◇◇◇◇

消費者・使用者・生活者・顧客

一般的には、代価を払って、財やサービスを購入し、消費する人のことを「消費者」と呼ぶ。しかし、必ずしも「消費者＝使用者」ではない。「消費者」は購入者と使用者を一つにした概念であるが、購入者と使用者が別の場合もある。また、一般消費財では「消費者」でしっくりくるが、耐久財では「消費者」という言葉ではしっくりこない場合があるかもしれない。「ユーザー」という言葉が使われることがある。つまり、「使用者」である。また、事業者向けの商品の場合も「消費者」という言葉は似つかわしい。

「生活者」という言葉は、社会学や経済学で使われていた言葉で、生活行動をする人たちを指し、「消費者」より広い意味を持つ。好んでこの言葉を使うリサーチャーやマーケッターがいる。「消費者」や「使用者」では、意味が限定的なイメージがあるからだろう。より広いターゲットイメージを持たせるために、「生活者」という言葉を使うのかもしれない。

「顧客」は経営学でよく使われる言葉で、自社の商品やサービスを購入・利用する人及び法人という意味である。ピーター・ドラッカーの有名な言葉「The purpose of business is to create customer（事業の目的とは顧客の創造である）」でマーケティングの世界に広がったのかもしれない。

このように同じ意味合いを指す言葉は、人により、業界により、場面より、千差万別であるが、本書では「消費者」で統一することにする。本書における「消費者」は、使用者、生活者、顧客など法人も含め、商品を購入及び使用する人たちや法人を指すことにする。

(3) 商品コンセプト作成

良いアイデアによって、すぐれた切り口ができたら、次はそれをもとに商品コンセプトを作成する。

商品コンセプトとは、商品がどのようなものかを説明した文章である。誰が使うのか、どんなベネフィットがあるのか、使う人のメリットは何か、などを短い文章で説明したものである。アイデア・切り口を発展させ、商品の考え方に落とし込んだものが商品コンセプトになる。

この商品コンセプトは、消費者の言葉で表現しなければならない。なぜなら、この商品コンセプトを聞いて、消費者が商品を想像し、「欲しい」「使ってみたい」「食べてみたい」「買いたい」と思うかどうかが重要だからである。

実際の購入場面では、消費者は、店頭で商品を見る、広告で商品を知る、口コミで商品を知る、パンフレットで商品を見る、販売員から商品の説明を受ける、など何らかの方法で商品の情報を得て、それらの情報から商品を想像し、評価し、買うかどうかを判断することが多い。もちろん試しに使ってみる場合もあるが、この場合も商品の情報に接し、興味を持った場合であろう。

つまり、商品の情報が購入判断に大きな影響を与える。この商品の情報のことを商品コンセプトと考えてよい。消費者が欲しくなるものを作ろうとするならば、魅力のある商品コンセプトを作ることができるかどうかが、開発の成功には不可欠の要素である。

商品コンセプトを具現化したものが製品であり、商品コンセプトを伝えるために作ったものがパッケージデザインやネーミング、コピーであり、商品コンセプトを多くの消費者に発信するために作られたものが広告である。

従って、商品コンセプトとは、どんな商品を提供するかという概念なので、この時点で「そんなものいらない」と消費者に思われるものだと開発が徒労に終わることが多い。つまり、商品コンセプトの魅力度と購入意向は正比例する。

◇◇◇◇◇◇

ベネフィットについて

開発やマーケティングに携わっていると頻繁に耳にする言葉が「ベネフィット」である。日本語に訳すと「利益」「便益」、マーケティングでは「商品やサービスを使用・利用することで得られる価値」ということになる。わかりづらい言葉である。

例を挙げて説明しよう。ガムには機能を訴えた商品がいくつかある。眠気覚まし、口臭予防、虫歯予防、など。例えば、眠気覚ましガムは「強烈なミントで目が覚める効果を利用した眠気覚まし機能のあるガムで、会議や運転中など目を覚ましたい時に使用し、眠気を覚ます」という商品コンセプトを持つ商品になる。「強烈なミント」は商品特徴、「目を覚ましたい時に使用し、眠気を覚ます」がベネフィットになる。これは「眠気を覚ましたい」というニーズを持つ者にとって、とても魅力的なベネフィットになる。

このように、消費者が商品を使用することによって、商品の特徴が価値を生み出すことをベネフィットと考えればよい。言い換えると、消費者のニーズを満たすものがベネフィットである。

商品の開発は、ベネフィットを探し、見つけ、そのベネフィットをもつ商品を作ることである。従って、常にベネフィットと向き合うことになる。

(4) プロダクト開発

魅力ある商品コンセプトができたら、プロダクトの開発に取り掛かる。ここで重要なことは、商品コンセプトに対し、妥協しないプロダクト作りを心がけることである。プロダクト開発にはいくつかの試練がある。コスト、技術的課題、生産的課題、研究開発の手間や要員、試作の労力やコストなど、商品コンセプト通りの製品を作ることが難しいと思わせる要因や課題が次々と出てくる。

これらの試練を乗り越え、商品コンセプトの魅力を十二分に備えたプロダクトの開発ができるかどうかが、開発を成功に導けるかどうかの分かれ目だといえる。おそらく、開発で最も重要なキーポイントであろう。

多くの場合、開発マンはここで妥協してしまうことがある。研究所や工場、営業、その他、開発マンにプレッシャーを与える部署や人、反対意見や非協力など、目標とするプロダクトにたどり着くことを阻害する要因は数多ある。

それだけに商品コンセプトの魅力度がとても重要なのである。すばらしい商品コンセプトは社内の人たちの共感を生み出す力がある。「面白い！　難しいけどトライする価値はある」と思わせることが重要である。

よくテレビなどの成功物語で「社内はみんな反対だった」みたいな話があるが、社内の人がみんな反対だったら、オーナーでもない限り、商品化はできない。そこには商品コンセプトに共感する協力者がいたはずである。妥協なきプロダクト開発こそ、成功の必要条件と言える。

ベネフィットの分類　掃除機の例

◇◇◇◇◇◇

ベネフィットには、いくつかの種類がある。掃除機を例に、主なものを説明する。

①商品本来の機能

その商品の本来の機能が優れていることを売りにしたもの。「絨毯の間にあるチリやごみを隅々まで吸い上げる強力吸塵力を持つ掃除機」

②使い勝手・便利性

使い勝手の良さや収納性を売りにしたもの。「ごみを簡単に捨てられる」「ワンタッチで収納」

③デザイン性・見た目

デザインの良さ、見た目の良さを売りにしたもの。「おしゃれなデザインなので、インテリアにも最適」

④自尊心

買うことや所有することに価値があるというイメージを売りにしたもの。「ハリウッドセレブご用達の高級ブランド掃除機」

⑤信頼性

壊れにくい、保証が付いている、安全・安心、などを売りにしたもの。「丈夫で長持ち」「3年間の保証付き」「有名メーカーだから安心安全」

食品とトイレタリーのベネフィット　◇◇◇◇◇◇

カテゴリーによっては、このベネフィットの種類へのあてはまりがわかりづらいかもしれないので、いくつか例を挙げて説明しよう。

○食品の「おいしさ」

嗜好食品の「おいしさ」「香り」「歯ごたえ」などは「商品本来の機能」にあたる。栄養補給を目的とした食品や健康食品は「体に良い成分が入っている」などが「商品本来の機能」にあたる。もちろん、嗜好食品に「体に良い成分が入っている」ことや栄養補給を目的とした食品や健康食品の「おいしさ」に関しても「商品本来の機能」にあたる。つまり、食べることによって得られるベネフィットは、「商品本来の機能」にあたると考えてよい。「○○産」もそれによっておいしさを訴求している場合は、「商品本来の機能」にあたると考えてよい。

○トイレタリー商品の「香り」

最近、トイレタリー商品で「香り」を訴求している商品が見られる。洗浄力や仕上り状態は「商品本来の機能」にあたるが、「香り」は、どのベネフィットにあたるのだろう。やはり「商品本来の機能」にあたると思う。トイレタリー商品の「商品本来の機能」が拡張して、「香り」や「手荒れ」なども含まれていると考える。トイレタリーメーカーのベネフィット開発によって、「商品本来の機能」がどんどん拡張しているのだと思う。

もちろん、ここに挙げたベネフィットの種類以外にもカテゴリーによって、ベネフィットの種類はあると思う。それぞれのカテゴリーのベネフィットの種類を整理してみるとよい。

(5) コミュニケーションコンセプト作成

この作業は、プロダクト開発が一段落したあと、商品仕様の検討と同時並行的に行われる。コミュニケーションコンセプトとは、商品コンセプトの最も魅力的な部分をパッケージデザインやネーミング・コピー、広告やパンフレットなどを通じて伝えるためのコンセプトである。

これらの媒体では、多くのことを伝えられないし、多くのことを伝えられたとしても、何が良いのかわからなくなる。従って、絞り込んだ「セリングポイント＝ベネフィット」を消費者に効果的に伝えることを目的とした文章である。

商品コンセプトのベネフィットのうち、消費者が最も高く評価しているベネフィットを一つないし二つに絞り、それを消費者にどのように伝えれば、商品に魅力を感じてもらえ、購入につながるかを考えた文章になる。

このコミュニケーションコンセプトに基づき、パッケージデザインやネーミング、コピー、広告、パンフレットが作成されれば、相乗効果を生み、消費者に効果的に商品のセリングポイントを伝えることができ、購入に結びつく。商品が発売されたすぐ後の売れ行きに大きな影響を与える。当初の購入は、コミュニケーションコンセプト次第ということである。

◇◇◇◇◇◇

「使いやすい」ケータイのベネフィット

あるアプリ会社の経営者がテレビで「競合より少し便利、少し使いやすいことが重要なんです」と言っていた。今の時代は、「使い勝手が良い」「便利だ」「手間がかからない」が重要なベネフィットになりうる。おそらく、商品本来の機能がニーズを満たしており、競合間で差がないことが主な原因だろう。

考えてみたら、携帯電話のカメラ機能などは、その極みである。カメラ本来の機能より、便利であることが最大の売りである。まず、便利性で売って、その後、品質を良くする(画像がきれいになる)。

なんだか、主客逆転現象ともいえる。いずれにしろ、「使い勝手が良い」「便利だ」「手間がかからない」は、現在の開発において重要なキーワードだと言える。

嗜好食品のベネフィット「食感」　◇◇◇◇◇◇

嗜好食品の開発をしているとテクスチャー、いわゆる「食感」を表現する言葉が多いことに気付く。「サクサク」「カリカリ」「バリバリ」「とろーり」「ふわふわ」「ふわとろ」など、限りなくテクスチャーを表現する言葉があり、また、新しい言葉も次から次へと生まれてくる。これは、日本人、とりわけ、現代の日本人が、テクスチャーに対する関与が高いことを意味している。つまり、微妙な差に敏感で、その微妙な差が重要であると考えているから、その差を表現する言葉が生まれてくる。「カリカリ」と「ガリガリ」はかなり違う、一緒にはできない、と考えている。

実は、これは今に始まったことではなく、日本人はかなり前からテクスチャーに対するこだわりはあったようだ。マグロの赤身とトロは、もちろん風味も違うが、やはりテクスチャーの違いである。トロを食べたときの表現は「口の中でとろけるような」などと表現する。そして、テクスチャーの違いに高いお金を払う。

私は、嗜好食品を開発するとき、テクスチャーの違いに差別性を訴求したもの、つまり、ベネフィットにテクスチャーをおいたものを多く開発した。その場合の風味は、オーソドックスなものにした。複数の軸で差別性を持たせると、ターゲットを狭めることになるので、テクスチャーに差別性を訴求したものは、風味はオーソドックスにする。そうすることによって、そのテクスチャーを好む人たちをターゲットにするという考え方である。

ここで伝えたいことは、表現する言葉の数・種類が重要だということだ。言葉を調べていくと、人が何に関与が高いかがわかる。関与が高いとそこに開発のチャンスが多い。自分の担当分野の消費者のベネフィットを表現する言葉が、どれくらいあるか、ベネフィットごとに調べてみると、どのベネフィットに関与が高いか、差別性の訴求が有効に機能しやすいかがわかる。

(6) 商品仕様の決定

商品仕様には、最終的な品質、包装設計、価格などが含まれ、商品を具体的な形にしていく作業である。消費者が期待して買った商品が期待通りかどうかを判断することに大きな影響を与える。つまり、再購入がある一般消費財であれば、再購入意向を購入者がもつかどうかに影響を与える。

コミュニケーションコンセプトで訴求しているベネフィットは、少なくとも満足させなければならない。そして、コミュニケーションコンセプトでは訴求していないが、商品コンセプトにあるベネフィットで＋αの評価を得る。つまり消費者は、コミュニケーションコンセプトで訴求しているベネフィットに期待して購入・使用し、そのベネフィットに満足する。そして、期待していなかったベネフィットを評価することによって、満足＋αが生まれる。今の消費者は満足だけでは再購入に結びつかないことが多い。満足＋αが必要である。この＋αを「驚き」と表現しているマーケッターもいる。期待していなかったベネフィットなので驚くということになる。

このように商品コンセプトにあるベネフィットを満足させ、なおかつ市場での競合品との関係、適切な価格設定、使用場面での使い勝手、消費者の生活空間に入り込むために必要な要件など、考慮・検討すべき項目が多く、それらをつぶさに検討し、仕様を決めていく必要がある。

◇◇◇◇◇◇

「得した気分」満足＋α

今の時代は、満足＋αが重要である。消費者は、少々の優位性では、ブランドスイッチをしてくれない。新製品がでると興味本位で買ってはみるものの、そこそこの満足レベルの商品であれば、もともと使っていた商品をやはり使うようになる。使い慣れた商品への安心感、変化への抵抗、いろいろな心理的背景が考えられる。世の中の変化が激しくて、先が見通せない時代では、保守的傾向が強まるのであろうか。とりわけ、年齢的に高い層は、さらにその傾向は強くなる。

満足＋αは、保守的な心理的垣根を越えるエネルギーとなる。自分が期待していたベネフィットは、ニーズを満たしてくれ、期待していなかったベネフィットで驚きと嬉しさが得られたら、「こういう商品を待っていたのだ」という気分になるのであろうか、それとも「得した気分」になるのであろうか。

これまでの経験上、この「こういう商品を待っていたのだ」や「得した気分」は、とても強いロイヤリティを生み出す。結果として、ブランドスイッチを促進する。例えば、食品で訴求している品質（ベネフィット）に期待して買って食べてみる。品質に満足し、その上、思いのほか使い勝手が便利だったら、「こういう商品を待っていたのだ」や「得した気分」になったりする。

いくつかのベネフィットを持った商品を売り込みたいがために、すべてのベネフィットを訴求すると、何が売りの商品かわからなくなったり、使用後にすべてのベネフィットを満足させることが難しく、がっかりさせたりすることが多い。一方、一つないし二つのベネフィットでは、訴求力がないので、たくさんのベネフィットの合わせ技で勝負する商品などもある。

商品を成功させ、ブランドスイッチを起こし、シェアを獲得していくためには、訴求力の強いベネフィットを開発することが不可欠であり、強いベネフィット一つないし二つで購入意向を促進し、満足させ、隠れベネフィットで満足＋αを消費者に感じさせることが、とても重要となる。

商品開発のステップ

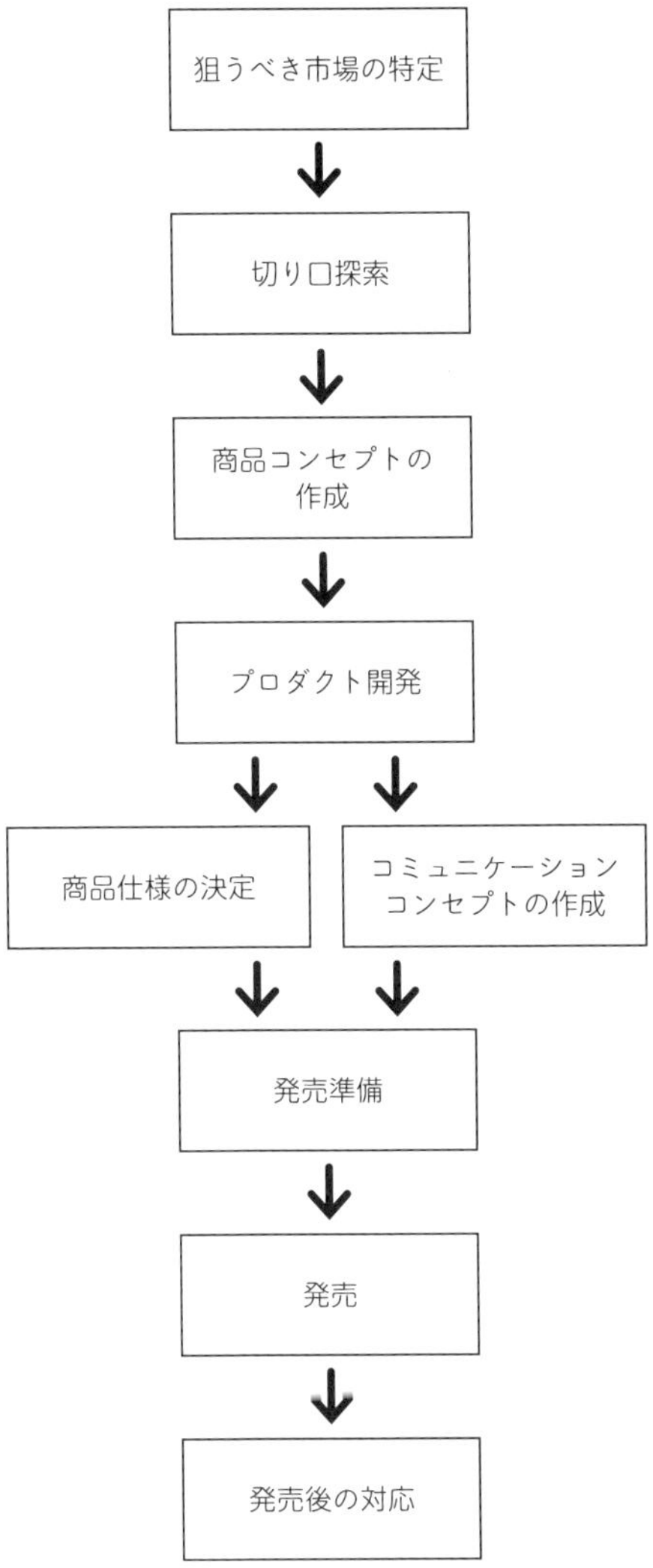
狙うべき市場の特定
切り口探索
商品コンセプトの作成
プロダクト開発
商品仕様の決定
コミュニケーションコンセプトの作成
発売準備
発売
発売後の対応

第4章　狙うべき市場の特定

狙うべき市場の特定は、どんな商品カテゴリー、どんな消費者、どんな使用シーン、どんなベネフィット、など開発の対象をどこにするかを決めることである。

「面白い技術がある」「面白いアイデアがある」のでターゲットを特定し、開発を行う、といったシーズやアイデアが先行する開発もあるだろう。これはこれで良い。うまくシーズやアイデアとニーズをマッチングさせれば、良い開発が行われる。そのような場合は、この狙うべき市場の特定を行う必要はないが、この開発が誰をターゲットとするか、どのようなベネフィットがあるかを調べていく必要がある。

何らかの理由で狙うべき市場の特定がすでに行われている場合は、次のように考える。狙うべき市場の検討から入る開発は、当該市場や周辺市場に対する理解が深まってから、切り口探索に入るので、流れとして自然であるし、気づきが得やすいので、狙うべき市場があらかじめ特定されている場合でも、その市場の中での狙い所を検討することをお勧めする。つまり、良い切り口がすでにある場合は、狙うべき市場の特定や切り口探索は必要ないが、切り口探索が必要であれば、狙うべき市場や狙い所の検討から入る方が良い。

狙うべき市場特定は、伸びている未成熟市場、市場の分離、スキマ市場、衰退期にある市場の代替市場、などが考えられる。新しく生まれてくる市場は、新しい技術や環境変化などによって生まれてくるので、事前に市場が生まれることを予測することは難しい。

(1) 伸びている未成熟市場

これは、かなりわかりやすい市場であるが、どの企業も狙ってくるので、スピード勝負の開発になる。もちろん早ければよいというものではなく、魅力ある切り口ですぐれた品質のものを、できるだけ早く発売しなければならない。

他社が先に発売した切り口では二番煎じになるし、先行メリットは、かなり大きな影響がある。逆に早く発売しても、品質があまり良くないと、後発の優良品質の商品に取って代わられる。先行メリットがあっても品質に明らかな有意差あれば取って代わられることがある。良い切り口があれば、とりあえず発売して、発売後から品質改良を行い、品質を良くしていくというやり方もあるが、発売当初に品質を低評価されるとあとあと面倒なので、あまりお勧めできない。

この市場を特定するためには、ＰＯＳデータなどの販売データで容易に見つけられる。一口売り上げの伸びが落ち着き、成熟した市場でも何らかの理由で活性化し、再び売上が伸び始めるケースがあり、こういう場合も新製品投入のチャンスになるので、販売データには常に目を光らせておきたい。

(2) 市場の分離

そもそも市場とは何であろうか？いろんな定義があるだろうが、ここでは「あるカテゴリーの経済活動の場」としておこう。市場は、ある程度大きな規模になり、成熟が始まると商品タイプの多様化が始まる。成熟が始まらなくても多様化する場合もある。商品タイプの多様化とは、新しい切り口をもった商品が発売され、新しい用途やターゲットを開拓しながら商品数が増えていくことである。そうするとサブカテゴリーと呼ばれる分類が始まる。そのサブカテゴリーが、さらに商品数や売り上げ規模が大きくなるとカテゴリーと言われるようになり、その経済活動の場は市場と呼ばれるようになる。

経済規模が大きくなるということは、こういった市場の拡大・分離が繰り返し行われることである。ということは、「新しい切り口の商品→サブカテゴリー→カテゴリー」と発展していくと考えられる。この発展の過程に開発の大いなるチャンスがあると言える。

このような発展は、急速に発展する場合がある。それはつまり、あるサブカテゴリーの商品の用途やターゲットの拡大が急速に行われるということであり、消費者が新製品を強く望んでいる場合に起こる現象だと言える。開発にとっては、もっともチャンスのある市場である。

このように、あるサブカテゴリーの売上が大きくなる傾向を早くつかむためには、やはり販売データの観察である。サブカテゴリー別に分類した販売データの動きを時系列的に分析し、観察することによって、伸びる傾向が出始めたサブカテゴリーを見つけることができる。

(3) スキマ市場

ニッチ市場とも言う。スキマ市場とは市場の一部を構成する特定のニーズ・ベネフィット・商品タイプ・ターゲットなどを持つ市場で、比較的規模が小さい市場のことを言う。

ある特定のニーズやベネフィットに特化した商品を求める消費者が存在し、規模の小さい特殊な市場を形成している。これらの消費者は、多くの一般的な消費者が買っている商品では満足できず、こだわりの商品を求める。

スキマ市場は、その時点では規模は小さく、コストに見合う売り上げが期待できないかもしれないが、スキマ市場が発展して大きな市場になる場合がある。その原動力になった商品は大ブランドになる。逆に言うと、すべての市場はもとはスキマ市場であり、大ブランドはスキマ市場を大きな市場への発展をけん引した功労者ということができる。開発にとっては、もっともやりがいのある開発になる。

スキマ市場は、規模の小さい企業やベンチャー企業が商品を展開している場合が多い。これらの企業のことをニッチャーと呼び、特化したニーズを充足させることによる差別化を図っている。

スキマ市場は顕在化していない場合がある。顕在化している場合はわかりやすいが、顕在化していない場合は、見つけるために工夫がいる。方法としては主にふたつ。ひとつは、スキマ商品の発見である。ある一風変わった商品タイプ、少し特殊なベネフィットを持った商品で、売り上げが伸びている、もしくは伸びていなくても、売上が安定している商品を見つけることである。もうひとつは、先行層の購入・使用状況から見つける。先行層の消費実態調査などから、スキマ市場と思われる市場を発見する方法である。

(4) 衰退期にある市場の代替市場

衰退期にある市場には、二種類ある。当該市場が満たしているニーズそのものが縮小している場合。もうひとつは、ニーズそのものは縮小していないものの、それを満たすはずの商品が陳腐化して、消費者が離れつつある場合。前者の場合は、代替市場は生まれないが、後者の場合は生まれる。わかりにくいと思われるので例を挙げると、前者は幼児教育、後者は音楽CDで、代替市場は音楽配信である。

この代替市場の生まれ始めの段階で新製品を投入することで高いシェアが確保でき、代替市場が大きくなることによって、大きな売上・利益を得ることができる。これも開発にとって、やりがいのある仕事である。

この代替市場が生まれ始めた段階で早く見つけられれば、大きな成果が得られるので、その方法を説明する。まず、衰退市場を見つける。これは、あまり難しい作業ではないであろう。売り上げ規模の縮小トレンドにある市場を見つければよい。販売データの観察で容易に見つけられる。次にこの市場におけるニーズ自体が縮小しているのかどうかを調べる。これは、この市場の商品を買わなくなった消費者を抽出し、調査を行うことによって、仮説が立てられる。

ニーズが縮小していると判断したら、この代替市場の探索はやめる。ニーズはある程度の規模を維持しており、そのニーズを充足させるはずの商品が陳腐化しているため、市場が縮小していると判断したら、どんな代替商品・代替市場があるのかを検討する。これは、この衰退市場の商品を買わなくなった消費者を対象とした調査から仮説を立て、代替商品と思われる商品のベネフィット分析を行い、衰退市場のニーズを満たしているかどうかを調べていくことによって、代替商品を見つけ、代替市場を特定する。

もしかしたら、まだ代替商品がなく、代替市場が生まれていないかもしれない。その場合は、代替商品を開発して、代替市場自体を作ることもできる。

◇◇◇◇◇◇

仁丹とフリスク

「仁丹」という商品を知っているだろうか。容器に入った小粒の口中清涼剤である。1982年に売上がピークになった後、売上が下がり続け、連動して小粒清涼剤市場も縮小を続けた。1992年にフリスクが発売されると、フリスクのヒットに伴い、一転、小粒清涼菓子市場が生まれ、拡大を続け、いろんなブランドが参入し、現在もある一定の市場規模を維持し続けている。仁丹は医薬部外品で口中清涼剤、フリスクは食品で口中清涼菓子、品質もかなり違うものだが、基本的なベネフィットは似たようなものである。典型的な「衰退期にある市場の代替市場」と言える。サーカスとシルク・ドゥ・ソレイユも同じような関係かも知れない。

(5) シーズ先行型開発のターゲット・ベネフィット探し

これは狙うべき市場の特定ではないが、前述の通り狙うべき市場の特定が必要のないシーズ・アイデア先行型開発の場合のターゲット・ベネフィット探しについて、説明する。

まずターゲットを探す場合の留意点を説明する。開発マンは、なんらかのターゲットイメージを持っていると思う。思い込みの場合もある。注意しなければならないのは、想定しているターゲットは反応せずに、別の層が評価をしてくれることがあるということである。

「発売後、期待していたターゲットとは全く違う層が買ってくれた」という話はよくある。また、ある程度売れたら結果オーライでよいのだが、ターゲット設定を間違えたために売れずに消えていく商品も多いのではないかと思う。ターゲット設定を間違うと本来買うべき層が自分たち向けの商品ではないと判断し、買ってくれない。ターゲットに設定した層は「いらない」ということになる。従って、良いシーズ・アイデアを生かすためには、ターゲットの設定を的確に行うことが重要である。

具体的な方法としては、シーズ先行型の場合は、品質的・技術的特徴を記述した文章などを、アイデア先行型の場合は、アイデアシートを使い、ターゲットになる可能性のある消費者をかなり広く設定して、定量調査をかけ、ターゲットとなりうる集団を特定し、ターゲットとする。

次に、ベネフィットを探る方法を説明する。このターゲットとした集団から先行層を抽出し、定性調査を行い、当該開発品のベネフィットの候補をあげ、次にターゲットに対し、定量調査でベネフィットを絞り込んでいく。そして、当該開発品のシーズやアイデアをよく活かし、ターゲットが魅力を感じるベネフィットを設定する。

このターゲット・ベネフィット探しが重要なのは、いくら良いシーズやアイデアがあってもマッチングが悪ければ、期待した結果は出ないということである。シーズやアイデアの良さを活かすのはマッチングである。つまり、的確なターゲットの設定とベネフィットの把握が良いシーズやアイデアを活かすことができるのである。

ある商品を発売したが、あまり売れず、のちのち他社が同じような商品を発売したら、売れたという話がよくある。おそらく、こういうケースは、マッチングが悪く、シーズやアイデアを活かしきれなかった場合だと思われる。「時代を先取りしすぎた」といって、自分で自分を慰めている人はいるだろうが……。

第5章　切り口探索

切り口は、良い切り口をたくさん作らなければならない。ひとつの開発テーマに対して、良い切り口が数多くあったほうが良い。当たり前のことだが、質・量ともに重視である。質・量ともに豊富であればあるほど、開発の成功確率は上がる。切り口探索の段階で、あまり技術面・利益面などを意識しすぎると良い切り口をたくさん出すことはできない。もちろん、あまりにも現実的でない切り口はダメだが、ある程度チャレンジャブルな切り口も作っておくほうが良いと思う。

(1) 売れ始めている商品にヒントがある

ありがちなアプローチは、当該市場でよく売れている商品の欠点を見つけて、その欠点を改良した商品を開発するというパターンである。この売れている商品の欠点を改良する開発は、その欠点を改良することが市場の評価軸そのものを大きく変えるようなイノベーティブな開発である場合を除き、あまりうまくいかない。

ヒントは、売り上げは小さいが、売り上げが伸びている商品にある。当該市場で、新たに登場してきた、まだ売り上げは小さいが売り上げが伸びている商品を見つける。その商品がなぜ伸びているのか、だれが買っているのか、どう消費されているのか、どう使われているのか。つまり、その商品の売り上げが伸びている理由を見つけ、考察し、その中から新しい商品の切り口を見つける。小さな兆しから大きな可能性を探し出すことは、ビジネスの最重要プロセスであり、開発の最良手段である。こういった売り上げは小さいが売り上げが伸びている商品は、ローカル商品の中にもあるので、広く探索する必要がある。

技術屋は技術で評価し（その商品の技術的側面が優れているかどうか）、営業は売り上げ規模で評価する。従って、技術的にイノベーティブではなく、売り上げ規模も大きくない商品を過小評価してしまう傾向がある。

売れ始めた商品には、「なにか理由がある」と素直に考え、よく調べ、考察すると大きなチャンスが生まれる。自社の商品でも思いのほか売れているといった商品は、改良次第で、大ブランドになる可能性がある。売れ始めた商品の最重要ベネフィットを見つけ出し、そのベネフィットに特化した切り口を作る。売れ始めた商品は、往々にして消費者ニーズのある部分を捉えているが、十分に満たしていない場合がある。その十分に満たされていないニーズを十二分に満たすベネフィットを見つけ、このベネフィットを鮮明にした切り口を作ることによって、差別性のある切り口になっていく。

この作業に使うべき調査やデータは、次のものである。

○売れ始めた商品を見つける

販売データ。一般消費財であれば、ＰＯＳデータと言われるもの。

○ベネフィットを見つける

当該商品の消費者を集め、定性調査を行い、当該商品のベネフィットの候補をあげ、次にターゲットになるであろう消費者を対象者とした定量調査でベネフィットを絞り込んでいく。

(2) ベネフィットを探す

商品開発のための切り口探索は、多くの場合、これまでにない新たなベネフィット探しである。従って、新製品開発は、ベネフィット開発と言い換えることができる。そして、開発するベネフィットは、次のふたつの条件を満たしている必要がある。ひとつは消費者のニーズを満たすベネフィットであること。もうひとつは、これまでにはない新しさがあることである。これらの条件を満たすベネフィットを探すための手順について説明する。

方法は大きく分けて二通りある。ひとつは、定性調査によるもの、もうひとつは定量調査によるものである。定性調査による方法は、インタビューによって、潜在的なニーズを探り出し、そのニーズを満たすベネフィットを見つける。この方法は、かなり高度な調査技能と潜在的ニーズを嗅ぎ分ける優れた感性が必要とされる。この方法で効果をあげるには、それなりの経験と技能が必要となるか、うまくいくとかなり期待できる結果を得ることができる。

定量調査による方法は、ベンチマーク消費者態度調査から導き出す方法である。この調査は定期的に行われる調査であるので、時系列変化を見ることができる。これを利用して、ベネフィットに対する重視度と満足度を聞いておくとその変化によって、新たなベネフィットを見つけることができる。消費者のニーズは必ず変化するものであり、その変化によって、必要とされるベネフィットも変わってくる。これらの変化や動きを初期の兆候の段階で見つけることができれば、開発に役立つベネフィットを見つけることになる。

◇◇◇◇◇◇

定性調査は発言録が命

定性調査は、文字情報である。文字情報は文脈が大切である。従って、定量調査のように分析して報告書を作成し、それを読んで理解したり、判断したりするのとは少し違う。文脈の解釈はかなり主観的である。数字のように誰が見ても同じには見えない。報告書は専門家がそれなりの知見と技量によって、分析され、作られたものであるので、信頼できるものではある。しかし、とりわけ切り口やアイデアのもとになる情報は、文字情報の文脈の中から見つけ出す。従って、定性調査は、発言録がとても大切であり、それを丁寧に読むことがヒントを見つけることにつながる。

◇◇◇◇◇◇

定性調査の副産物

定性調査のインタビュアーをやると、対象者から直接商品についての意見や評価、使用場面、使い勝手、など多様な情報を多数聞くことになる。これを繰り返していると当該カテゴリーの消費者の気持ちやニーズ、評価のポイントなどが理解できるようになる。つまり消費者視点が身に着く。よく「消費者視点をもって」という言葉が使われるが、簡単なことではない。もっともてっとり早い消費者視点の身につけ方は、定性調査のインタビュアーをやることである。トイレタリーの有名メーカーの経営者は、常にホームビジットを自ら行うという。消費者視点を持たない者は、消費財メーカーの経営ができないという意味であろうか。

（3）先行層に着目する

当該カテゴリーの消費者の中の先行層から情報を得て、切り口を見つける。では、先行層とはなんだろうか？イノベーター理論では、商品購入の態度を新商品購入の早い順に5つに分類し、そのうちイノベーターとした層と、アーリーアダプターとした層が先行層にあたると思われる。

これらの人たちは、先行的な購入・使用を行うので、これらの人たちへのインタビューで、ある程度顕在化しているニーズから切り口を作ることができる。場合によっては、こんなものが欲しいという具体的なアイデアが出てくる場合もある。これらの人たちは、商品を提供している側が考えていなかった使い方をしている場合があり、その使い方に特化した切り口を作ることもできる。

先行層の抽出の仕方は、当該カテゴリーに対する態度で見極めていく。商品情報に対する態度、新製品に対する態度、商品の購入・消費・使用に対する態度、などで分類し、抽出する。また、「ヘビーユーザー＝先行層」と考えてはいけないことを付け加えておく。ヘビーユーザーの中には、自分のお気に入りのものや、いつものものがあればよいという人もいる。つまり新製品や商品情報に興味のない人たちである。従って、切り口探しの場合は、先行層に着目する。先行層がヘビーユーザーの場合はある。

イノベーター理論　◇◇◇◇◇◇

イノベーター理論とは、1962年に米・スタンフォード大学の社会学者、エベレット・M・ロジャース教授が提唱したイノベーション普及に関する理論である。イノベーター理論では、新しいアイデアや技術の普及の過程を5つの層に分類している。

①イノベーター（革新者）
新しいアイデアや技術を最初に採用するグループ。市場全体の2・5％。

②アーリーアダプター（初期採用者）
流行に敏感で、情報収集を自ら行い、オピニオンリーダー的存在。市場全体の13・5％。

③アーリーマジョリティ（初期多数派）
新しいものの採用には慎重で、一定の時間が経ってから採用を行う。しかし、流行に乗り遅れないように行動する。市場全体の34％。

④レイトマジョリティ（後期多数派）
平均的な人が採用した後に新しいものを採用する。懐疑的で警戒しながら、新しいものに接する。市場全体の34％。

⑤ラガード（遅滞者）

新しいものを最後に採用する人たち。変化を嫌い、保守的で物事に常に懐疑的な態度を示す。市場全体の16％。

(4) アイデアを導き出す

切り口探索には、ひらめきやアイデアが必要であると前述した。これまで説明した切り口探しにもひらめきやアイデアは必要であるが、ここでは、ひらめきを誘発し、アイデアを生み出す可能性がある手順について説明する。ひらめきやアイデアが生まれるかどうかはわからないので、可能性がある手順とした。

誰がひらめき、誰がアイデアを生み出すかと言えば、開発マンである。つまり、開発マンがアイデアを生み出すためには、開発マンがひらめきやすい環境を作ることが必要である。ひらめきやすい環境とは、ヒントになる情報や意見が豊富で、開発マンがそれを素直に受け入れ、なにかを発想できるような環境である。

そのような環境をどうやって作るかだが、結論から言えば、主な方法はふたつ。ひとつは、開発マンが定性調査のインタビュアーをやり、直接対象者から情報を得ることである。つまり、先行層やヘビーユーザーを定性調査でインタビューをするのだが、そのインタビュアーを開発マンが直接行う。

クエスチョンフローがあっても、自分が気になることや興味があること、惹かれることを聞きたいだけ聞いて、時には思いついたアイデアを投げかけてみたり、自由に対象者とやり取りすることによって、ヒントになる情報や意見を得ることである。自分が聞きたいこと、興味のあることを聞いているので、素直に受け入れられ、発想しやすい環境になる。何かをひらめいたときには、その場でメモをとってもよい。目的は、何かを調査することではなく、開発マンがひらめくことを誘発することなので、開発マンがやりたいようにやることである。

もうひとつは、ホームビジットという手法を使う。開発マンが消費者の自宅を訪問し、対象者に商品の使用法や使い勝手、不満、改善の要望や新製品の要望など、やはり、聞きたいことを聞き、自由に対象者とやり取りすることによって、ヒントになる情報や意見を得ることである。カテゴリーによっては職場などを訪問先とすることがある。商品が実際に使われている場所を訪問する。

これらの方法は、開発マンにとって、かなりきつい作業かもしれない。しかし、これらのことが楽しくなれば、しめたものである。アイデアの宝庫になる可能性があるからだ。

第6章　商品コンセプトの作成

良い切り口ができたら、次はそれをもとに商品コンセプトを作成する。そして、コンセプトテストを行い、作成した商品コンセプトについて消費者に評価してもらう。コンセプトテストの結果、つまり消費者の評価から、当該商品のコンセプト開発を進めるかどうかを判断する。

(1) 商品コンセプトの作り方

商品コンセプトの作成は、ベネフィットを明確にする作業が中心となる。前述した通り、良い切り口は魅力的なベネフィットを持っているということが前提なので、その魅力的なベネフィットをわかりやすく説明することが商品コンセプト作成の重要な作業となる。

まず、切り口からベネフィットに関する言葉や表現をリストアップする。また、切り口からベネフィットになると思われる言葉や表現を作る。これらの言葉や表現に優先順位をつけ、いくつかのベネフィットを表す言葉に絞り込む。絞り込まれた言葉とターゲットや使用場面、利用状況を組み合わせて、商品コンセプトを作り上げる。商品コンセプトは、たくさん作るようにする。商品コンセプトの数が多ければ、成功する商品コンセプトが含まれている可能性は高くなる。切り口がいくつかあれば、同様に作業し、ひとつの切り口に対し、複数の商品コンセプトを作っていく。切り口がいくつかあって、商品コンセプトをひとつの切り口に対し複数作ることができれば、かなりの数の商品コンセプトができる。

商品コンセプトを練り上げるために、定性調査を使い、商品コンセプトの魅力的な部分や言い回し、新規性や目新しさ、競合しそうな商品などについての情報を集める。そして、集まった情報をもとに商品コンセプトの見直しや練り直しを行い、より良い商品コンセプトに仕上げていく。また、この定性調査によって集められた情報を使って、コンセプトテストの質問内容も検討する。

◇◇◇◇◇◇

商品コンセプトと製品特徴

このふたつは、似たようなものなので混同しがちだが、明らかに違う点がいくつかある。製品特徴は、製品自体の特徴であるので、技術的な特性や品質的な特性、商品仕様などを説明するものだが、商品コンセプトは、製品特徴にターゲットや消費場面、使用状況などが加わり、消費者が商品を使用することによって、得られるベネフィットの説明が中心になる。わかりやすく言うと、製品特徴は、どんな製品かを説明したもので、商品コンセプトは、その商品を購入し、使用したときに得られる便益を説明したものである。

（2）コンセプトテスト

商品コンセプトを作ったら、その商品コンセプトの市場性の検討に入る。その商品コンセプトが消費者にどう評価されるか、どの程度受け入れられるか。つまり、買ってもらえそうかどうかを明らかにするために、コンセプトテストを行う。コンセプトテストで消費者の評価が高ければ、研究開発部門や技術部門などで商品化の検討に入る。消費者の評価が低ければ、商品コンセプトの改善や新たな商品コンセプトの作り直しになる。

コンセプトテストの結果、評価が良くない場合、商品コンセプトを改良して、再度コンセプトテストにかけるという方法はあるが、効率が良くない。コンセプトテストの段階で何種類かの商品コンセプトを用意しておいて、コンセプトテストにかけ、評価の高い商品コンセプトを開発に進める方が効率は良い。つまり、スクリーニングするというやり方である。

また、コンセプトテストによって選ばれた商品コンセプトに、他の商品コンセプトの魅力的な部分を加えて、より良い商品コンセプトに仕上げていくことも良い。同じ切り口からできた商品コンセプトにおいては有効な方法である。

商品コンセプトの数が多ければ、成功する商品コンセプトが含まれている可能性は高くなるとは、こういうことである。

コンセプトテストは、通常、定量調査で行う。主な評価内容は、購入意向と新規性である。このふたつの評価軸で評価することになる。もちろん、商品コンセプトの中で魅力的な部分はどこか、良い点・良くない点、競合品との比較など、多岐にわたって質問するが、評価の決め手は、購入意向と新規性である。

◇◇◇◇◇◇

商品コンセプトの重要性

商品コンセプトを単なる言い回しや説明文章、宣伝文句的に捉える人もいる。大変な間違いである。商品を購入し、使用する場合、それがモノであってもモノを買うわけではない。禅問答みたいな話であるが、マーケティングの世界で、有名な話であるセオドア・レビット（アメリカの経済学者）の言葉がある。「ドリルを買いに来た人が欲しいのはドリルではなく穴である」。ご存知の方は多いと思う。つまり、モノが欲しいのではなく、その商品がもたらすベネフィットが欲しいという話である。サービスも同様である。

商品コンセプトは、このベネフィットがどんなものであるか、誰に、どんな場面で使用してもらい、その結果、どんなベネフィットをもたらすか、そのためにどんな商品の機能や構造があるのか、などを整理し、まとめた文章である。

従って、開発のベースになるものであり、まさしく消費者が買うのは、この商品コンセプトである。モノやサービスは、商品コンセプトにあるベネフィットを提供するための媒体にしか過ぎない。

(3) 開発コンセプトについて

商品コンセプトとは別に、開発コンセプトというものも作らなければならない。商品コンセプトが消費者を対象としたものであるのに対し、開発コンセプトは、社内の研究開発部門や技術部門などものづくりを行う部署の人たちを対象としたコンセプトである。つまり、開発コンセプトとは、商品が売れるための条件を研究開発部門や技術部門などものづくりを行う部署に伝えるためのものであり、品質や製品仕様、原価や技術課題などを検討したり、試作品を作ったりするための基準になるものである。従って、開発する上で必要なベネフィットをもれなく、かつ詳細に記述されなければならない。場合によっては、箇条書きでもよい。

開発コンセプトを作るときに留意しなければならない点は、競合する他社製品との違いを明確にすることである。つまり差別的優位性が明示されていなければならない。競合商品に対し、どんな点がどれだけ優れているか明確にしておく必要がある。競合する商品がない場合は、その商品が成功するための開発面での必要条件を明確にしておくとよい。

第7章　プロダクト開発

商品コンセプトができあがると、いよいよ製品の開発に進む。「商品」と「製品」という似たような言葉があり、混同するので、本書では、デザインやネーミングなどソフト面を除く製品自体の開発、つまり、品質や製品仕様、原価などを検討し、製品を形作っていく作業をプロダクト開発と呼ぶことにする。

「商品」と「製品」の違いについて――簿記会計での定義は別として、一般的には、製造されたものが「製品」、それが市場で販売されるものが「商品」となる。

開発マンは、商品コンセプトに基づいて作った開発コンセプトをもって、研究開発部門や技術部門などものづくりを行う部署と開発の打ち合わせや依頼を行うことになる。会社によっては、開発依頼書的なものを作成しなければならない会社もあるだろう。また、開発テーマとして正式にエントリーするための手順があるかもしれない。いずれにしろ、会社で実際にプロダクト開発を担う部門にプロダクト開発を依頼する。

(1) ラボラトリーテスト

試作品が出来上がったら、自社従業員を対象にした試作品の評価テストを行う。これを本書では、ラボラトリーテストと呼ぶことにする。自社の従業員を対象とした実験室条件的なテストという意味である。ラボラトリーテストでの留意点は、好き嫌いの好みによる評価を避け、程度で評価し、試作品が狙い通りのプロダクトになっているかどうかを見極めることにある。自社従業員は、自社開発品に対して好意的であるので、当然、好き嫌いの好意度は高い評価が出る傾向がある。つまり、かなりバイアス（偏り）がかかっていると考えられる。

程度で聞くとは、例えば、「程よい甘み」は好みだが「すごく甘い、少し甘い」は程度である。「肌ざわりが良い」は好みだが「きめが細かい、すこしざらついている」は程度である。程度で聞く方がバイアスは少ない。好きかどうか、良いかどうかは消費者に聞くもので、自社従業員には程度で評価してもらい、狙っている品質・製品仕様になっているかを確認するために行う。試作品が狙っている品質・製品仕様になっていないと判断される場合は、試作品の再検討や作り直しになる。試作品が狙っている品質・製品仕様になっていると判断される場合は、消費者を対象としたプロダクトテストに進む。

(2) エクスパートパネルを使ったラボラトリーテスト

研究開発のために社内にエクスパートパネルを持っている会社もあるだろう。味や香り、肌触り、爽快感など官能評価が重要な分野の企業は、エクスパートパネルを持っていることがある。官能評価を行う必要がある会社は、エクスパートパネルを持っておいた方が良い。このエクスパートパネルを一般の従業員の代わりに使い、ラボラトリーテストを行うほうが良い場合もある。官能評価などで、評価者によって評価のばらつきの多い分野では、一般の従業員の評価にばらつきが出て、テスト結果がわかりづらい。このようなときに、エクスパートパネルを使ってラボラトリーテストを行い、狙っている品質・製品仕様になっているかを確認する。テストの方法は、基本的にラボラトリーテストと同じである。やはり程度で聞いて、好みは聞かない。

(3) プロダクトテスト第1段階（改良用プロダクトテスト）

試作品が狙っている品質になっていると判断できたら、プロダクトテストに進む。プロダクトテストの第1段階は、試作したプロダクトを改良するための情報収集を目的として行う。今後、このプロダクトテスト第1段階を「改良用プロダクトテスト」と呼ぶ。テスト方法は、セントラルロケーションテストと呼ばれる会場テストと、ホームユーステストと呼ばれる調査対象者の自宅などでの使用テストが主な方法である。商品のタイプによって、使い分ける。セントラルロケーションテストは、早く結果が出ることと費用がホームユーステストと比べると安上がりであることがメリットである。ホームユーステストは、使用環境が商品本来の使用環境と同じであるため、実態に近い評価が得られる。

改良用プロダクトテストによって、試作品を評価し、改良ポイントを見出し、改良を行う。そしてまた、改良された試作品をテストにかけ、評価し、再改良を行う。

これを繰り返しながら、成功確率の高いプロダクトに仕上げていく。妥協せず、必ず成功すると信じられるプロダクトになるまで、粘り強くこの繰り返しを行うことによって、開発の成功確率はかなり高くなる。逆に、妥協してしまうと、これまでの苦労が水の泡になる可能性があることも肝に銘じておいてほしい。

この改良用プロダクトテストに絡めて、エクスパートパネルを活用し、的確に改良を進めることができる。この改良用プロダクトテストで出てきた改良課題をもって、試作品を改良するわけだが、改良された試作品が改良課題をクリアしているかどうかをエクスパートパネルでチェックする。狙い通りの改良がなされている試作品は改良用プロダクトテストに再度かける。狙い通りの改良がなされていないと判断した場合は、研究開発部門にクリアすべき改良課題を明確にして差し戻し、試作品の再改良を依頼する。

改良用プロダクトテスト→改良課題抽出→試作品改良→エクスパートパネルによる改良状態のチェック→再改良もしくは改良用プロダクトテスト

このサイクルを繰り返し、試作品が開発コンセプトを充足させるプロダクトになるまで仕上げていく。エクスパートパネルを持っていない場合は、ラボラトリーテストで代用するか、研究開発部門や技術部門などに評価パネルを作り、代用する。

◇◇◇◇◇◇

調査方法の選択

グループインタビューで試作品を試用させ、その評価に一喜一憂する開発マンがいる。困ったものである。定性調査は、評価をする調査方法ではないし、たまたまその場にいた対象者が「良い」もしくは「良くない」と言ったに過ぎない。にもかかわらず、開発品に自信を持ったり、逆に自信を失ったりする。

まあ、人間だから、目の前で褒められたり、けなされたりすると、一喜一憂する気持ちもわからないではない。しかしながら、こういうケースでは、往々にして、調査の目的や調査結果の活用について、曖昧であることが多い。従って、調査方法の選択も合理的ではない。

正しくない調査の使い方をした場合、調査結果も正しい結果がでることは期待できない。目的に応じた調査方法の選択は、調査のイロハのイである。

（4）プロダクトテスト第2段階（プロダクト評価テスト）

プロダクトテストの第2段階は、市場の受容性を確認するための評価テストである。今後、このプロダクトテスト第2段階を「プロダクト評価テスト」と呼ぶ。

主にブラインドホームユーステスト（BHUT）という手法が用いられる。改良用プロダクトテストを使った改良サイクルによって、合格点に達した開発品（試作品）をプロダクト評価テストに進める。

このプロダクト評価テストは、競合品の中で一番売れている商品（いわゆるトップブランド）と一対比較テストを行う。まったくの同タイプの商品ではなくても、同じ市場で代替性があると思われる、開発品と競合関係が想定される商品の中で一番売れている商品を競合品として、一対比較テストする。

開発する側は、何かと従来ある商品とは、「狙いが違う」「位置づけが違う」と言って、同列で考えることを嫌がる傾向があるが、消費者の選択肢の中に入るもの、代替性があるものはすべて競合品である。めったにないことだが、競合品のない、まったく新しい市場を形成する画期的な商品を開発している場合は、このプロダクト評価テストを飛ばして、プロダクトテスト第3段階に進む。

このプロダクト評価テストでブラインドホームユーステストを使う理由は、テスト品（開発品と競合品）を実際の生活の中で使用してもらうことで、使用実態の中での評価を得るためである。対象者は、当該カテゴリー商品を普段使っているのと同じようにテスト品を使用し、評価をする。また、ブラインドテストであるため、開発品はもちろんのこと、競合品もブランドがわからない状態にしてテストする。ふたつのテスト品（開発品と競合品）はできるだけ同じような仕様にし、純粋に品質だけで評価できるような調査環境にする。当然テストに使う量も通常販売されている量を用意する。重ねて言うが、できるだけ対象者が普段商品を使う環境に近づけた状態でテストすることが望ましい。テスト品に使用方法や取り扱い方法などが必要な場合にはそれらも用意する。

このプロダクト評価テストでは、開発品が競合品に明確な差で勝っていることが必要である。これをクリアできた場合は、次の段階のプロダクトテストに進む。これまでの手順を妥協せずに進めてきた場合は、次の段階のプロダクトテストに進めることが期待できる。しかし、残念ながら、そうならずに開発品が競合品と同程度の評価以下の場合は、テスト結果を分析して、この後、どのように進めるかを検討しなければならない。

その場合の主な選択肢は、次のものである。

○この商品コンセプトでの開発を諦め、一から開発をやり直す。
○商品コンセプトは問題ないが、狙っていた品質では戦えないと判断して、開発コンセプトからやり直す。
○いくつかの改良課題をクリアすれば、十分戦えると判断して、プロダクト開発からやり直す。
○この開発品のメインベネフィットは高い評価を得ているが、商品としての総合評価では勝てていないので、メインベネフィットに特化したニッチ商品としての開発に切り替える。

◇◇◇◇◇◇

トップブランドとの相対比較の意味

消費者は常に商品を選択するとき、代替性のある商品間で品質や性能の相対評価を行いながら、選択している。もちろん、購入時に毎回比較をしているわけではないが、消費者の頭の中にある評価構造では、購入されている商品はなんらかのベネフィットによって、代替性のある商品群の中で、相対的に「優れている」と知覚されている。

この代替性のある商品群をカテゴリーと考えてよいのだが、消費者が感じているカテゴリーとメーカーや流通業者が考えているカテゴリーには違いがあることを認識しておかなければならない。

メーカーや流通業者が考えているカテゴリーとは、消費者から見た代替性を基準にメーカーや流通業者が便宜的に商品分類（売場や流通過程のために）をした結果の商品の集合体である。

しかし、消費者から見たカテゴリーとは、当該カテゴリーの典型的商品とそれとの類似性によって特徴づけられていると考えられる。つまり、メーカーや流通業者が捉えているカテゴリーには明快な境界があるのだが、消費者から見たカテゴリーには明快な境界は存在せず、典型的商品との類似性の程度によって形作られる連続的かつ非境界的な集合体であると考えられる。

従って、消費者の新製品評価は、当該カテゴリーの典型的商品との比較によってなされると考えてもよい。当該カテゴリーの典型的商品（＝最も標準的な商品）とは、当該カテゴリーにおけるトップブランド商品である可能性が高い。従って、トップブランド商品をベンチマークして相対評価することによって、新製品の評価、特徴、ポジショニングなどを測定するのが望ましいのである

(5) プロダクトテスト第3段階（コンセプトプロダクトテスト）

プロダクトテスト第3段階は、開発品がどんな人に、どれくらい買ってもらえるか、使用後、再購入のあるカテゴリーでは、再購入してもらえるか、再購入のあまりないカテゴリーでは、使用後、どのよ

うに評価してもらえるか、その結果、発売後、どのくらい売れるか、どのような売れ行きを示すか、を知るための評価テストである。コンセプトプロダクトテスト（ＣＰテスト）という方法を使う。

コンセプトプロダクトテストは、商品コンセプトテストを行い、購入意向を示した対象者にプロダクトテストを行う。プロダクトテストは、ホームユーステストで行う。このコンセプトプロダクトテストにより、どれくらいの初回購入が期待できるか、使用後の再購入がどのくらい期待できるか、購入者がどのように評価するか、を知ることができる。商品コンセプトには、想定している仕様や価格も記載しておく。

第8章　コミュニケーション開発

(1) コミュニケーションコンセプト

すぐれた商品を開発しても、消費者に伝わらなければ、買ってもらえない。商品の良さ・特徴・アピールポイントを何らかのコミュニケーションによって、消費者に伝えることが重要である。コミュニケーションコンセプトの説明や作り方は前述したので、ここでは調査をどのように利用し、コミュニケーションコンセプトを作成し、評価するのかを説明する。

プロダクト評価テストやコンセプトプロダクトテストの自由回答から、評価されているベネフィットをチェックし、それがどう表現されているかを拾い上げる。

次に、コンセプトプロダクトテストのプロダクトテスト結果で高い評価をした人、つまり、5段階評価のトップボックスを示した人を集めてインタビューし、商品のどういうところがどう気に入ったか、人に勧めるとしたらどのように言うかなどを質問し、情報を集める。それら組み合わせてコミュニケーションコンセプトを作成していく。

前述したが、コミュニケーションコンセプトは、最も魅力的なベネフィットを媒体を通じて伝えるためのコンセプトであるので、ベネフィットを絞り込んで消費者に効果的に伝えることを意識して作っていく。

コミュニケーションコンセプトもいくつか作り、定量調査で評価し、最も評価の高いコミュニケーションコンセプト案を基本として、他のコミュニケーションコンセプト案で評価の高かった部分をうまく加味し、練り上げて作り上げる。

(2) ブランドネーム

ブランドネームの作成は、ある意味、コミュニケーション開発で最も重要かもしれない。ブランドは、その商品の名前であるだけでなく、その商品の売り上げ規模が持続的に大きくなった場合、会社を支える重要な資産になる場合もある。商品そのものより、ブランドに価値がある状況になることもある。

ブランドネームの役割は、当該商品を同カテゴリーの他の商品と区別し、当該商品の価値を消費者が認識するためのシグナルとなる。商品が売れ、消費者に当該商品が評価されることによって、消費者の中に、ある特定のイメージが出来上がる。その結果、そのブランドネームを聞くだけでイメージにある商品の特徴が想起される。従って、商品はベネフィットの集合体ともいえるので、ブランドネームは、そのベネフィットの集合体を一言で言い表わすキーワードとなる。

品質イメージの良いブランドの商品をブラインドテストで品質評価した結果と、ブランドを明かして品質評価した結果を比較すると、ブラインドテストより、ブランドを明かして評価した品質評価の結果が明らかに高いことがある。これは、ブランドの持っている良いイメージがバイアスとなって、消費者の評価に影響を与えていると考えられる。つまり、品質イメージの良いブランドは、それ自体が品質を補完し、競合商品に対し、優位に働く効果を有する。

先に説明したプロダクト評価テストで、トップブランドと一対比較のブラインドホームユーステストを行ったとき、評価が均衡していたり、多少の差で勝っている場合でも、ブランドを明らかにすると品質評価が負けることがある。ブランドによるバイアスの影響である。従って、トップブランドとの一対比較のブラインドホームユーステストでは、明確な差で勝たなければならない。

(3) ネーミング作成

ブランドネームは、ネーミングの作成によって作られる。ネーミングはコミュニケーションコンセプトに基づいて作成される。つまり、コミュニケーションコンセプトをイメージできるネーミングを作る。ネーミングの基本は、「読みやすい」「聞きやすい」「言いやすい」「覚えやすい」である。

ネーミング作成作業は、コミュニケーションコンセプトに基づいたネーミング案を出し、商標の調査を行い、ネーミングテストで選択する、という手順で行われる。

ネーミング案を出す場合、外部のクリエイティブ会社に外注する企業は多いだろう。それはそれで構わないのだが、コミュニケーションコンセプトに基づくネーミング案を作るにあたって、有用なヒントは、これまでに行った調査の中にある。商品コンセプト作成やプロダクト開発の時に行った定性調査における対象者の発言録や定量調査の自由回答、とりわけホームユーステストでの開発品評価の時の自由回答は、ネーミング作成のためのヒントの宝庫である。

対象者が、商品コンセプトに接した時や開発品を使用した時に発した生の声こそ、ネーミングのヒントになる。これらの発言や自由回答からキーワードを抽出し、それらを発展させて、ネーミング案を作成していく。そうすることによって、コミュニケーションコンセプトを連想させる、消費者の言葉に近いネーミング案を作ることができる。外部に発注する場合は、このような手順で作成したネーミング案作りのための資料を渡して依頼する方が良い。ネーミング案は、商標上の問題もあり、ネーミングテストで選択されるので、多い方が良い。

ネーミング案ができたら、まず「読みやすい」「聞きやすい」「言いやすい」「覚えやすい」をチェックし、これらに当てはまらないものを省く。その際の留意点を述べる。

①「読みやすい」――「読みやすい」というより「見た瞬間にわかる」といった方が正しいかもしれない。店頭で商品を見たときにすぐわかる、CMで見た瞬間にわかる、パンフレットやSNSで見たときにすぐわかる、などが求められる。従って、字数が少ないことが好ましい。

②「聞きやすい」――CMでブランド名を耳にする、人から説明や推奨を受ける、などブランド名を耳にする機会があるときに、ブランド名をすぐにわかるものが好ましい。つまり聞き取りやすい音を持っていることが求められる。

③「言いやすい」――会話などの中で商品の話をするときに、言いやすいことは重要である。言いにくいと聞きにくいに通ずる。

④「覚えやすい」――繰り返し購入してもらう商品にとっては重要なことである。これまでの「読みやすい」「聞きやすい」「言いやすい」をクリアしていれば、大抵「覚えやすい」ものである。

これらの観点でチェックし、スクリーニングし、残ったものを商標調査にかけ、ネーミング候補が出来上がる。ネーミング候補をネーミングテストにかけ、評価の高かったものを選択し、ブランドネームを決定する。ネーミングテストの目的は、コミュニケーションコンセプトに合っているか、必要なイメージをもっているかなどを消費者の観点で調べ、最も好ましい候補を選択することである。

⑷ パッケージデザイン

日用品など包装・容器を要する商品で、パッケージのデザインが消費者に対するアピールになるカテゴリーの商品は、パッケージデザインを作成することになる。カテゴリーによっては、購買を誘引する最も重要なコミュニケーション手段である。

コミュニケーション効果の高いパッケージのための条件はふたつある。ひとつは、コミュニケーションコンセプトの持つベネフィットを的確に表現することである。これまでの作業でコミュニケーションコンセプトのベネフィットが消費者にとって、魅力のあるものになっているはずなので、その魅力的なことを上手に伝えることが重要である。

ふたつめは、目立つパッケージであることである。売場や広告などパッケージを目にする機会が消費者と商品の接点であるので、消費者の購入までたどり着くためには、目立って興味を持ってもらうことが必要である。まず目立って興味を持ってもらい、ベネフィットを伝えて、購入意向を高める。これが商品を売るためのパッケージの役割である。

品の良いデザインと目立つデザイン　◇◇◇◇◇◇

人間でも自己主張が強いと品がないと見られ、控えめだと気品漂うとか言われる。同様にパッケージデザインも目立つデザインは、「センスがない」「品がない」と言われがちである。大人しくて上品で目立たないデザインは、「センスが良い」と思われたりする。

目立つとは、周りに同化していないということであり、少なくとも控えめではないだろう。目立つデザインで品よく見せるため、色などで工夫し、品はあるが目立つデザインにできる場合もある。店頭などで選ばれる商品では、品があるかどうかは二の次で、まず目立つことを優先し、どこまでコミュニケーションコンセプトのイメージに近づけるかを考えた方がアプローチとしては良い。優れたデザイナーは目立つこと、ベネフィットを伝えること、品があって馴染みやすいこと、などを兼ね備えたデザインを作ることができる。

化粧品などは、販売員が販売している場合とドラッグストアーなどの店頭で選ばれる場合とでは、かなりパッケージの役割が違ってくる。それぞれの役割に応じたパッケージデザインは、どうあるべきかを考える必要がある。

瞬間選別情報としての「新発売」「ＮＥＷ」 ◇◇◇◇◇◇

人間の情報選別能力は優れている。例えば、人通りが多いところを、何気なく人を眺めながら歩いていても、多くの人の中から知り合いを見つけることができる。当然、すべての人の顔をチェックしている意識はない。おそらく、視覚から入ってくる情報は、脳で情報処理が行われ、必要な情報だけを選別して認識するのだろう。

売り場でも、何十品か並んでいる商品群の中から、2〜3秒で自分が探している商品を見つけることができる。なかなか見つからないこともあるが、多くの場合は、かなり短い時間で見つけることができる。これは、先ほどの人の通りが多いところを歩く例と同じである。

この人間の情報選別能力が優れていることを開発という視点から考えてみると、瞬間で行われる情報選別で選ばれ、認識してもらえるようにするには、どうしたらよいか、ということになる。「新発売」というＰＯＰを付けたり、パッケージに「ＮＥＷ」という文字を入れたりするのは、瞬間で行われる情報選別で選ばれ、認識されるためである。

新製品を発売する場合、広告やパッケージなどコミュニーケーションにおいて、この第1難関である情報選別に残る方法を意識する必要がある。

⑸ パッケージテスト

パッケージテストには、パッケージデザインや包装仕様を検討したり、絞り込みをしたりするためのテーブルテストと、デザインの最終選択をしたり、市場受容性をチェックしたりするためのシェルフインパクトテストがある。

テーブルテストは、パッケージデザイン・包装仕様の開発段階で、いくつかの要素をチェックし、パッケージデザインや包装仕様の改良に役立てる。

チェック項目は、次のものである。

①目につきやすいか、目立つデザインであるか
②ベネフィットは伝わっているか
③全体のデザインの印象は良いか
④包装仕様は使いやすいか

これらの情報を集め、改良課題を明確にし、デザインや包装仕様の改良を行う。改良されたパッケージは、狙い通りの改良がなされているかどうかをチェックし、再度テーブルテストにかける。

パッケージデザインや包装仕様が重要と思われる商品の開発では、このサイクルを繰り返して、コミュニケーションコンセプトを十分に訴求できており、使い勝手も満足してもらえるように、パッケージを仕上げていく。

パッケージデザインを完成させ、候補が2案、あるいは最終の1案になるとシェルフインパクトテストにかける。

シェルフインパクトテストのチェック項目は、次のものである。

①売れるパッケージになっているか
②目立つパッケージになっているか
③ベネフィットが伝わるパッケージになっているか

シェルフインパクトテストは、売り場でどの程度選ばれ、購入をしてもらえるかを最終的に確認するために行う。

パッケージデザインと消費者心理　◇◇◇◇◇◇

パッケージデザイン制作時における消費者心理について考えてみる。消費者は外部からの刺激のうち、7割以上を視覚によって取り入れると言われている。視覚のうち、知覚に大きな影響を与えるのは色である。色には情報がある。つまり色によって「ある意味」が伝えられるのである。例えば、白は清潔感、青は爽やか、緑はリラックスなど。とりわけパッケージデザインにおいてはベース色といわれるもっとも大きな面積を占める色が重要である。このベース色はその商品の性格やイメージを消費者に規定させる効果があるからだ。

パッケージデザインの役割は、パッケージデザインからベネフィットを推論させることである。ベネフィットに魅力があると、的確に推論されたベネフィットにも当然魅力がある。

パッケージデザイン作成時には、作り手は消費者に伝えたいことを懸命に表現しようとする。しかし、重要なのは消費者がどのような表現に興味を惹かれるかという点である。この点を意識しながら、効果的にベネフィットを伝える方法を検討しなければならない。消費者は自分が興味のない情報を排除し、興味がある情報に敏感に反応する。つまり、消費者は自分の知識・関心・信念・態度・期待などに一致する情報だけを知覚しようとする。消費者は自分にとって不必要な情報を受容しないような行動をとる。

これは、作り手が消費者に「何を伝えたいか」が重要ではなく、消費者が「何を知りたいか」「何に興味を惹かれるか」が重要だということを示唆している。従って、パッケージデザインの最も重要な点は、「パッケージを見た瞬間に、消費者が興味を持つ」ことを、まずは優先させなければならないということである。

第9章　プロダクトデザイン開発

パッケージ商品ではなく、耐久財であるＯＡ機器、家電品、クルマ、文房具、バッグなど、商品それ自体のデザイン性が重要な商品のプロダクト開発は、パッケージ商品のプロダクト開発とは、開発手順自体が違う。耐久財のプロダクト開発では、機能や品質、特徴などの技術的開発と並行して、プロダクトデザインの開発が進められる。耐久財においては、機能や品質などとデザインは切り離すことができない。従って、試作段階でプロダクトデザインの評価をプロダクトアピアランステストで行う。

プロダクトアピアランステストは、開発品を競合品と一緒に疑似的に店頭に並べたように行うシミュレーションテストである。競合品と比較して、消費者が購入したくなるような魅力があるデザインになっているかどうかをチェックする。プロダクトアピアランステストの結果をもとに、デザインの改良や商品の最終デザインの決定を行う。

耐久財は、店頭などで実際の商品のデザインを見て、購入判断をするケースが多い。従って、同じような環境を再現し、プロダクトデザインの評価を行うのである。

ユーザビリティと行動観察調査　◇◇◇◇◇◇

ＯＡ機器や家電などでユーザビリティやユーザーインターフェースを評価したい場合に使う調査手法として、行動観察調査がある。使用者が実際に商品を使うところを観察して、ユーザビリティやユーザーインタフェースを客観的に評価する手法である。アンケートやインタビューでは、無意識にとっている行動を把握することはできない。実際の行動を観察することから、無意識の行動を捉え、その背景にある動機やニーズを推論することができる。

行動観察調査は、次の３つのステップで行われる。

①観察：商品やサービスの使用実態を観察する

②分析：人間工学や心理学を使い、行動の背景にある潜在的なニーズを推論する

③発見：潜在的なニーズから、商品の改良や新製品開発のキーポイントを発見する

対象者に対するインタビューも行い、分析に活用する場合もある。

この調査は、サービス現場の改善や小売店での顧客行動の分析、一般消費財の使い勝手の分析などにも活用されている。

第10章　発売に向けて

(1)価格設定

商品開発において、もっとも悩ましい問題が価格の設定である。「投資を早く回収したい」「早く利益貢献したい」「高品質のためコストが高い」など価格を押し上げる理由はいくらでもある。一方、「利益が出る設計でも売れなければ、絵に描いた餅」「高いシェアを獲得したい」「長期的に売れる商品にしたい」など価格を下げた方が良いと思われる理由もいくらでもある。このように社内事情による価格の議論は尽きることがないだろう。

ところが、一番頼りにしたい消費者調査では、残念ながら価格と売れ行きの関係はわからない。消費者調査で価格を提示して購入意向を聞いても、調査では実際にお金を払わないので、価格のことは実際ほど影響されない。

従って、プロダクト評価テストでトップブランドと比較し、明確な差で勝っている場合は、トップブランドと同じ価格にするのが良い。トップブランドとの比較ができなかった場合、つまり競合品が想定できなかった商品の場合は、コンセプトプロダクトテストで価格に関する質問を行い、参考にする。価格と売れ行きの関係を知りたい場合は、販売テストがよい。販売テストは、いくつかの価格を設定し、その売れ行きから価格と売れ行きの関係を見つける。販売テストができない場合は、販売予測モデルを使ったシミュレーションテストマーケット（ＳＴＭ）で調べるしかないが、どちらにしろ、かなりのコストと時間がかかる。

◇◇◇◇◇◇

プレミアムタイプ

ビールやＣＶＳのおにぎりなどにプレミアムタイプがある。これはコンセプト段階で、こだわりの品質、こだわりの原料などを訴求しており、価格がランクアップであることを納得させるためのコンセプトにしてある。これらプレミアムタイプを成功させる要因としては、品質や機能で価格に見合う価値が明らかにあるか（ダイソンなど）、価格に見合う原料や製造工程（熟成など）があるか、第三者のお墨付き（牛肉のＡ５など）があるか、といった明確な理由で価格がランクアップである説明がなされていることが必要である。

◇◇◇◇◇◇

関与と情報と価格

消費者関与とも言う。関与とは、消費者が当該商品や当該カテゴリーに対する興味や関心の高さを表す。従って、関与の程度によって、商品に関する情報収集、商品選択や購入、消費・使用など、すべての行動に影響を与える。

関与には個人差があり、カテゴリーによっても異なってくる。また、一時的にあるカテゴリーに対して、関与度が高くなることもある。家や車を買うときなどである。関与度が低いカテゴリーに関しては、積極的に新製品を購入したりしないし、商品に関わる情報にも、あまり興味を示さない。イノベーター理論で言うところのレイトマジョリティになる。

関与度が高ければ、新製品の購入に積極的で、商品情報を収集し、商品の差別性にも敏感に反応する。自分が評価したものには、多少の高い価格を払うこともいとわない。従って、企業は消費者の関与を高める努力をしなければならない。

(2) 販売予測

商品開発の最終段階である販売予測である。開発した商品に自信があっても、消費者は合理的な購買行動をするものではないことは、今までのいくつかの研究によってわかっている。また、関与度の低い商品に関しては、すぐれた新製品より使い慣れた商品の方が良いと思う消費者は多い。従って、開発した商品がどの程度の売れ行きが期待できるかを予測し、コミュニケーション戦略、発売の体制（一部地区発売か全国発売かなど）、生産体制（どれくらいの供給能力が必要か）などを再検討し、発売時・発売後の対策、戦略の立案に寄与させる。場合によっては、開発品の一部修正に役立てる。

販売予測のための手法は、主にふたつ。ブランドアイデンティファイドテストとシミュレーションテストマーケット（ＳＴＭ）である。

(3) ブランドアイデンティファイドテスト

トップブランドとの一対比較調査である。比較する商品がない場合は、単独で実施する。コンセプトプロダクトテストと同じような方法で行う。コンセプトテストの代わりに、ブランド・パッケージデザイン・商品特徴・商品設計・価格などを提示して、購入意向を調査する。商品特徴は、広告などで伝えられる範囲で提示し、商品設計は、内容量や包装形態など、実際に買うときに得られるような情報を提示する。

購入意向の調査を行った対象者にホームユーステストを行う。実際の商品と同じ量で使用してもらい、使用後、再購入のあるカテゴリーは再購入意向として購入意向を聞く。再購入のないカテゴリーは、発売になった場合の購入意向を聞く。一対比較調査の場合は、すべて相対評価で聞く。単独での調査の場合は、絶対評価になるが、結果を評価することが難しくなる。

この調査によって、再購入のあるカテゴリーでは、初回購入がどの程度期待できるか、再購入がどれくらい期待できるかがわかる。再購入のないカテゴリーでは、どれくらいの購入が期待できるか、使用後の評価がどうだったかがわかる。つまり、期待できる売れ行きが予想できる。できるだけ、実際に商品を購入して、使用する環境に近づけて調査を行うことが大切である。

(4) シミュレーションテストマーケット (STM)

シミュレーションテストマーケット(STM)とは、調査会社がもつ販売予測モデルを使って、販売予測を行うことである。有名な需要予測モデルとしては、ニールセンのBASES、カンターのeValuateなどがある。

シミュレーションテストマーケットは、それなりの費用が掛かる調査であるが、結果はある程度信頼できる。詳しくは、調査会社に問い合わせていただきたい。

期待通り・計算通りに売れること　◇◇◇◇◇◇

開発マンの中に「商品を発売することが仕事」と思っている人がいるのではないだろうか？　基本的には間違いである。「売れる商品を発売するのが仕事」である。従って、売れる確信がないものを発売する必要はない。

会社によって、業界によっては、とにかく新製品を次から次に発売して、その中に売れるものがあればめっけもの、という考え方のところもあるだろう。いわゆる盲滅法散弾銃作戦（そういう名前の作戦があるかは知らないが）だ。

そういう方針で事業が成り立つのであれば、それはそれでよいのだろう。そういう会社の開発マンは、「商品を発売することが仕事」で正しい。また、そういう開発マンには、この本は必要がないかもしれない。

しかし、開発の仕事をして、一番面白いのは、消費者の行動を予測し、その予測に基づいて商品を開発し、それが期待通りに売れて、期待通りの評価であった時だ。予想外に売れることは、うれしいことではあるが、面白いことではない。自分の計算通り、算段通り、計画通りに物事が運ぶことが最も面白い仕事である。

(5) 発売後の調査

発売後、期待通りの売れ行き、期待以上の売れ行き、期待以下の売れ行き、のどれかになることは言うまでもないが、どのケースにおいても商品の見直しや改良が、その次の仕事として待ち受けていることを忘れてはいけない。そのための準備が商品の発売前に始まることも忘れてはいけない。そして、このために最も有用な情報は、実際に商品を購入し、使用してくれた消費者の評価・意見・行動である。それらを知るための準備を発売前にしておく必要がある。

「何を期待して買ったのか」「実際使ってみて、どう思ったのか」「今まで使っていた商品と比べて、どうだったのか」「また買おうと思うのか」「改良できるとすれば、どこをどう改良してほしいのか」など知りたい情報は、山のようにある。

こういった情報を集める手段は、購入者追跡調査である。ポイントは、どうやって購入者とコンタクトをとるかである。やり方は、購入者の数や販売される数量によって異なる。インターネットによるリクルートや街行く人に声をかけて購入者を探す方法、店頭で購入者を見つけ、調査協力をお願いする方法などいろいろある。あと、商品にアンケート協力依頼やアンケートはがきを入れておくやり方もある。

これらは、購入者を対象とした定量調査になるが、購入者を対象とした定性調査を実施して、掘り下げた心理面を探る必要がある場合もある。

商品の改良如何によって、大ブランドになる場合もあれば、花火のように派手に打ち上げて、きれいに終わる場合もあるので、発売後の対応は、とても重要である。

◇◇◇◇◇◇

「勝ちに不思議の勝ちあり、負けに不思議の負けなし」

故・野村克也氏の語録のひとつである。野村氏の創作ではなく、ある剣術書からの引用らしい。失敗には相応の理由があり、成功は紙一重。マーケティングや開発では、成功で味を占めて、二匹目のどじょうを狙って失敗する、ということはよくあること。成功事例から成功を導くことができないことを示唆している。逆に失敗から学ぶことが多い。従って、自身の失敗を分析し、失敗の要因・要素を列挙し、考察することが大切である。

自分自身をＳＷＯＴ分析する

◇◇◇◇◇◇

ＳＷＯＴ分析は、ご存知だと思う。会社の事業戦略や開発戦略、ブランド戦略など、あらゆる戦略の立案のときに用いられる分析ツールである。これを自分自身に使ってみる。自分の「強み」と「弱み」を整理し、今おかれている環境における「機会」と「脅威」をリストアップする。できるだけ客観的に行い、できるだけ数多くリストアップする。小さなこともすべて拾い上げる。

まず、この自分のＳＷＯＴ分析を行うことで、自分の状況がよくわかる。とかく人は、いろんなことを自分に都合が良いように解釈する傾向がある。客観的に自分自身の能力や環境を理解することだけでも意味がある。

「脅威」については、心構えだけをしておく。「脅威」に対する備えをするときりがないし、無駄になる可能性がある。しかし、いざ起こったときに慌てず対処できるように心構えは必要である。

「弱み」については、とりあえず捨てておく。「弱み」を克服することは、良いことだが、とても大変なことである。かなりの労力を使う。その割には、そのことによって得られる対価は少ない。いずれ余裕があるときに克服する努力をしてみるか、ぐらいに考えておく。その方が気も楽である。

ポイントは「強み」と「機会」を結びつけて、何ができるかを考えることである。ここに大いなるチャンスが眠っている。成功者は、これが上手い。「強み」を使って「機会」を的確にものにする。逆に成功者は「弱み」も結構あったり、「脅威」にも備えていなかったりする。バランスの取れた成功者は、あまりいないように思う。

自分自身を客観的に捉え、チャンスを常に見出し、逃さないためには、1年に1回ぐらいは、自分のSWOT分析をしてみては、どうだろうか。

第2部　開発における調査の使い方

第1章　調査手法の種類と特徴

調査の手法や特徴については、本書で話を進めるにあたって、知識として知っておいてもらった方がわかりやすいと思われるので、ひと通りの説明をしておく。特徴的な調査については、関連するところで詳しく説明する。ここでは、主な調査手法について簡単に説明する。

（1）定性調査

定性調査は、数値で表すことができない情報を集め、読み解く調査である。主な手法はインタビューによるものと観察によるものがある。インタビューによるものでは、消費者の考え方・意見・理由・感想・経緯などを聞き、それらの背景にある環境や要因、動機などを推察する。観察によるものでは、消費者の行動を観察することによって、行動パターンや反応を知り、行動の背景にある要因などを推察する。

インタビュー形式の定性調査では、ある行動の意味や要因などの背景にあるものを聞くことができ、その時の感情も聞くことができる。背景には、消費者の生活に対する考え方や生活習慣、育ってきた環境や人間関係など、様々な要因があると考えられる。

グループインタビューでは、数名の対象者が自由に意見を言い合うことによって、お互いの発言によって刺激され、潜在化していた考え方、感情などを浮かび上がらせることを期待できる。つまり、原因と結果を結びつける関係性を紐解くために使われたり、言葉の表現を拾い上げるために使われたり、行動や意見の背景にある心理を読み解くために使われたりする。また、定性調査は、主に言語情報なので、対象者の考え方が理解しやすいという特徴もある。ただし、定性調査の結果からは、全体を推論することはできない。

(2) グループインタビュー

定性調査の手法のひとつ。モデレーターといわれる司会者が進行を務め、6~8名の対象者に、座談会形式で、あるテーマについて話し合ってもらい、多様な意見を収集したり、それらの内容や関係性から背景や要因を推察する調査手法である。モデレーターが自由な発言を促すことで幅広い意見や多くのアイデアを聞き出すことができる。

対象者同士の発言によって触発され、話題が発展し、潜在的なニーズなどが表面化することもある。これをグループダイナミクスと言う。一方、遠慮や同調などにより話題があまり盛り上がらずに、表面的な話し合いに終始したり、関係のない話題で盛り上がり、テーマに関する情報が収集できなかったりすることもある。そのため、対象者の自由な発言を促しながら、テーマに関連した役立つ発言を引き出すことができるモデレーターの司会進行の技量が重要である。

（3）1対1面接

定性調査の手法のひとつ。デプスインタビューとも言うが、デプスインタビューには、心理学的手法を用いて深層心理を探るというニュアンスがある。1対1面接は、インタビュアーが対象者と一対一で対話するインタビュー形式による情報収集を指す。

インタビュアーが対象者と一対一の対話を行うので、表層的な情報収集のみならず、対象者の生活や行動の実態を掘り下げて聞くことができ、対話における反応や答えに応じて、行動や意見、生活について聞きながら、背景にある動機や願望、不満や価値観などを聞き出したり、推察したり、確認することができる。また、商品に対する直接的な要望や不満を聞くことができ、場合によっては改善のアイデアなども聞くことができる。

グループインタビューに比べた特徴としては、対象者とインタビュアーの一対一でのインタビューであるため、本音を引き出しやすい。一人あたりに時間をかけられるため、商品やサービスの選択、購買行動や消費実態、再購入に至るプロセス、購入商品のスイッチや商品に対するロイヤリティの有無、ロイヤリティの形成プロセスなどを詳細に聞くことができる。また、ライフスタイルやライフステージの変化、それらと商品との関係性などを聞くことによって、対象者における商品のポジショニングを浮かび上がらせることができる。

一方、一人ずつインタビューを行うため、対象者一人あたまのインタビューに要する時間とコストは、グループインタビューより多くかかる。一人ずつ丁寧に情報を集めるため、情報量も多く、情報の整理や分析に時間がかかる。

◇◇◇◇◇◇

デプスインタビュー

デプスインタビューとは、深層心理を引き出すために、投影法やラダリング法などの心理学手法を使って、対象者の潜在意識に迫る調査方法である。

人は、自分でも意識をせずに行動していることがある。例えば、商品を選択し、購入するときに無意識に行動していると、選択理由が意識下になく、そのことについて問われると、後付けでもっともらしい理由を答える傾向がある。このような潜在化している意識を知るために使う手法である。

従って、心理学の手法や知識を使って、インタビューや分析を行うため、インタビュアーは、心理学的な知識や高度なスキル・経験を必要とする。

最近では、心理学的な手法を用いず、インタビューを少し掘り下げて聞く1対1面接調査をデプスインタビューと称している場合もあるが……。

(4) 定量調査

定量調査とは、収集されたデータを数値化することを想定した上で設計され、調査結果を統計的に分析する調査方法である。市場調査だけでなく、世論調査や実態調査など数値化された調査は、定量調査である。時系列での比較や多変量解析といった統計的なデータ処理にも適している。数値データとして信頼性を得るためやいろんな角度からの分析を行うために、ある一定のサンプル数を確保する必要がある。

定量調査は、アンケートなどの選択肢回答形式によって得たデータを数値化して分析する。分析された数値データは可視化されるため、全体の構造や傾向が把握しやすいといった特徴があり、集計結果が数値で表されるため客観的な説得力があり、社内に対しての説得材料として利用されることが多い。一方、定量調査は、あらかじめ設定した質問に対する回答しか得られないので、質問の設計がとても重要である。
最近では、インターネットの普及によって、インターネットを活用した調査が普及し、安くて早い調査が実施できるようなった。インターネットによる調査はバイアスという面で課題も多いと言われてきたが、インターネットの普及や調査会社の努力によって、かなり解消されてきたようだ。

定量調査の主な手法は次の通り。

○訪問調査
調査員が対象者の自宅等へ訪問し、対象者に質問して回答してもらう訪問面接調査と、訪問して対象者に調査票を渡して、調査票に記入してもらい、後で調査票を回収する訪問留置調査、及びその併用である訪問面接留置調査がある。
○郵送調査
郵送で調査票を送り、調査票に記入してもらい、返送してもらう調査方法。
○電話調査
調査員がランダムに発生させた電話番号に電話し、電話に出た人を対象者として、口頭でアンケートに答えてもらう調査方法。内閣支持率などの調査でよく使われる方法。

○インターネットリサーチ

インターネット上で行うアンケート調査。あらかじめ設定された会員モニターの中から対象者として該当する人たちに回答依頼をメール等で送り、ＰＣやスマホで回答してもらう調査方法。

○街頭調査

調査員が街頭で対象者に依頼し、口頭で質問に答えてもらう調査方法。

○会場調査（セントラルロケーションテスト）

準備した会場に対象者に来てもらい、インタビューやアンケートに答えてもらう調査方法。詳細は後述。

○ホームユーステスト

対象者の自宅などでテスト品を使用してもらい、アンケートに答えてもらう調査方法。詳細は後述。

◇◇◇◇◇◇

記憶に頼る調査

定性調査にしろ、定量調査にしろ、主な調査は対象者の記憶に頼って質問を行うことが多い。現在使っている商品は何であるか、どう使っているかは、ほぼ正確に答えられるであろう。現在使用している商品の前に使っていた商品について、どんな品質だったか、どこで買ったかなどの質問に対する答えは、少しあいまいになる。過去使ったことがある商品については、かなりあいまいであると考えられる。特別な意識もせずに購入したり、使用したりしていれば、なおさらである。

厄介なことに、対象者は、あまり覚えていないとか、意識して買ったりしていないなど、正しい回答を答える人ばかりではない。とかく自分の行動には正当な理由をつけたくなるものである。

調査を行う場合、このように記憶はあいまいであるということを念頭において、調査設計をする必要がある。ただし、商品の評価に関しては、正しくない認識であろうとそれが対象者の記憶の中にある評価であれば、その記憶に基づいて行動するので、意味がある。

◇◇◇◇◇◇

インターネットリサーチ

インターネットリサーチが急速に普及した。便利な調査方法だが、その特徴をよく理解して使いこなすことが肝要と考える。まず、そのメリット・デメリットを整理しておく。

メリット

○早い　調査の実施から回答の回収までがかなりの短期間で実施できる
○安い　他の調査手法と比べ、圧倒的に低コストで実施できる
○対象者を大量に集められる
○対象者属性を設定しやすく、その属性の対象者を集めやすい

デメリット

○代表性に問題がある
○虚偽回答や偽装によって回答の真偽性に問題がある
○自由回答が記入方式なので、有用な情報が得られにくい

つまり、早い、安い、大量サンプル、調査設計が楽、だが、調査結果の精度や内容に不安がある、ということになる。

ただ、近年、インターネットリサーチの補正（偏りを修正して代表性を確保する）の研究が進んでいるし、モニターの管理や抽出をしっかりやっている調査会社もあり、回答の真偽性の改善が進んでいるよ

うである。つまり、インターネットリサーチのデメリットがかなり解消されてきたようである。

使い方にも工夫がいる。調査会社とよく相談して使う必要があるかもしれない。重要な判断をする、評価をする、どのような人がどれくらいいるかなど市場の実態を理解する、全体を推論する、といったことには使いづらいかもしれない。ただし、ノルム値があり、正しい判断ができる、補正して代表性をある程度確保できる、という場合は、使うことができるだろう。

あたりを見る、探りを入れる、本調査の前の予備調査、などには、うまく使えば有用であると考える。同じ調査環境にしておいて、定期的に調査をして、時系列で分析することもよいだろう。あと、自由回答を減らして、選択肢中心の調査にする、そういう調査に使う、といった工夫も必要である。

いずれにしろ、便利なものなので、信頼できる調査会社を使って、うまく使いたい。

(5) ベンチマーク消費者態度調査

ベンチマーク消費者態度調査は、消費者意識や消費・使用実態、トレンドなど、市場の状況を把握し、変化を知るための基本的な調査である。開発のためだけではなく、カテゴリー戦略、商品戦略などマーケティング一般に活用される調査である。ここでは、少し詳しく説明したい。

ベンチマーク消費者態度調査は、一定期間ごとに調査を行うことで、時系列分析することができる。従って、調査のやり方を変えると時系列分析ができなくなるので、同じ環境、同じような内容ややり方で続けることが重要である。ベンチマーク調査の最も重要な点は、時系列分析である。

①実施方法

質問量が多いので、訪問面接留置調査が良いとされる。ただ、費用と時間がかかるため、最近ではインターネットリサーチが使われたり、インターネットリサーチと訪問面接留置調査が併用されたりすることもある。

②調査対象者

対象となるカテゴリーの購入者や使用者である。購入頻度や使用量、使用頻度は、低い人から高い人まで、分布に併せてサンプリングする。ヘビーユーザーが少ない場合は、ヘビーユーザーの動向を把握するため、別途サンプリングして、サンプルとして補充する。

③調査対象のカテゴリー

当然、当該商品カテゴリーだが、競合関係にあるカテゴリー、例えば、コーヒーと紅茶の関係のようなカテゴリーや、使用関連性が強いカテゴリー、例えば、シャンプーとリンスなどのようなカテゴリーは、併せて調査を行うことも多い。ただし、質問量や選択肢が多すぎると回答の信頼度が低下するので、質問数と対象カテゴリーは、質問量や選択肢数を考慮しながら調整する必要がある。

④実施時期

ある一定期間ごとに行う調査なので、季節やイベントの影響や差異をなくすために、しかるべき時期を選び、毎回同じ時期に行う。例えば、1年に1回行うのであれば、カテゴリーに影響のある時期を避ける。例えば、チョコレートの調査をバレンタインの時期に実施するなどは避ける。カテゴリーの最需要期の後に行われることが多い。最需要期の記憶が新しいので、最需要期の動向や態度を詳しく聞くことができる。

⑤実施頻度

カテゴリーの動静によって違う。多くのカテゴリーは、年1回程度行えばよいが、季節によって使用状況や商品仕様が大きく変わるカテゴリーは年に複数回、季節に合わせて行うこともある。また、変化の激しいカテゴリーや成長が著しいカテゴリーも頻度を多くする必要がある。

⑥調査対象地域

カテゴリーの特性による。地域によって、使用・消費動向を検討して選択する。全国的に使用・消費され、地域特性が極端でなければ、情報の発信性がある東京を中心とした首都圏で行うことが多い。インターネットリサーチを使うのであれば、調査対象地域を意識する必要はない。

⑦サンプル数

サンプル数は多ければ多いほど良い。セグメントごとの分析ができる。ただ、費用との兼ね合いがあるので、全体動向の分析を行うために600サンプル、セグメント分析のために特定のセグメントを追加サンプリングして、特定セグメント分析に使うなど、やりくりが必要かもしれない。

⑧調査内容

時系列分析を行うため、調査項目や質問は、できるだけ変えない方が良い。できれば7〜8割は固定した質問にしたい。市場の変化や消費者の意識・態度の変化に対応するために、質問を変えざる得ない場合はあるが、カテゴリーにおける購買行動、ブランドの購入実態・使用実態、商品の満足点、ブランドイメージなどは、時系列で分析したいので、固定しておきたい。

2〜3割は、その年度によって、質問内容を変える。その年度に起こったカテゴリーに影響与えるイベントやその年度に発売された新製品についての質問などを入れる。

自由回答はできるだけ少なくし、どうしても必要な情報に限る。あくまで数量データ中心で、時系列の変化やトレンド、市場環境などを把握するための調査であるので、選択肢をあらかじめ設定した質問を中心にする。

⑨質問項目

カテゴリーの使用実態：使用頻度、使用方法、使用量、使用場所・時間、使用場面、使用者、など。

ブランドの購入実態：直近購入ブランド、その前の購入ブランド、次に買いたいブランド、過去の購入ブランド、など。

ブランドの知名・想起、ブランドイメージについて

購買行動と意識：購入店や購入価格について、購買のきっかけや動機について、購入時の重視点と重

視度、など。

使用ブランドの評価：満足度、項目別満足度、など。

⑩日記調査

使用頻度の高い商品については、対象者に依頼して、使用日記をつけてもらい、使用実態について調査をするとよい。せいぜい1週間ぐらいが限度である。

⑪重視度と満足度

カテゴリーの主要なベネフィットについて、購入時の重視度と使用後の満足度に関する質問は、重要である。これによって、それぞれのブランドが何を期待されて購入され、何をどの程度満足されているかが明らかになり、これらを時系列で分析することによって、ブランドのポジショニングの変化や消費者のニーズの変化を読み取ることができる。

⑫集計と分析

集計と分析は、調査部門や調査会社でやってくれるだろう。ただ、調査部門や調査会社が作ったサマリーを読み、理解・納得するだけで終わらせることはもちろん、分析を調査部門や調査会社に任せて、分析結果を聞くだけの対応は避けたい。どんな調査でもそうだが、クロス集計を丁寧に読み、気になることがあれば、新たなクロス集計を依頼したり、調査部門や調査会社に疑問をぶつけたり、それらの中から何かを読み取る。開発マンは、そんな習性を身に着けたい。なぜなら、情報の山から金になる木を見つけることが求められているからである。

◇◇◇◇◇◇

購入決定方略

ベンチマーク消費者態度調査の調査設計上、考えなければならない点は、購入決定方略についてである。現在使用商品の購入理由や購入態度について調べる場合、消費者の購入決定方略をよく理解しておく必要がある。消費者がどのような選択基準を持ち、どのような選択過程を取るのかといった、意思決定についての基準や過程を理解しておかなければならない。これらは、カテゴリーや商品のタイプなどによってかなり違う。事前に定性調査などで情報を集め、購入の意思決定モデルを想定し、それに基づいた質問の仕方を考える必要がある。例えば、売場で購入を決めるようなカテゴリーなのか、事前に情報を集めておくようなタイプの商品なのか、販売員の説明が購入に強い影響を与える商品なのか、などである。

次に分析において留意しなければならない点は、消費者の購入・使用実態から、その背景にある消費者心理やニーズを読み解く場合、最も重要な視点は消費者行動の心理的なプロセスを考えることである。同じ商品を買う消費者でも購入動機が異なる場合がある。例えば、「いつも買っているから買った」、「今まで使っていたものが気に入らないので初めてこの商品を買った」、などである。また、その品質が気に入っている消費者と、商品を持つというステータスに惹かれている消費者もいるだろう。消費者は、いずれも情報の『受容→学習→知覚』のプロセス経て、態度が形成される。このような態度形成の過程や態度を明らかにするためには、消費者属性、使用頻度、使用場面、使用ブランドを変数としたクロス分析を入念に行うことである。これらの分析から、消費者の心理的プロセスが見えてくることが多い。

◇◇◇◇◇◇

多変量解析

定量調査の分析方法として、多変量解析がある。いろいろ使い出がある手法であるが、まずは丁寧にクロス分析を行うことをお勧めする。クロス分析で読み取ることがなくなるまで、クロス分析を行い、いくつか仮説を立て、その仮説をもって多変量解析を行うと有効に機能する。「多変量解析やってみました。こんなことわかりました」は、避けた方が良い。

クロス分析は、2つの軸、つまり2つの変数から何かを読み取る分析である。多変量解析とは、3つ以上の軸、つまり3つ以上の変数から何かを読み取るための解析法である。従って、丁寧なクロス分析から、これらの変数の向こうに何か見えてくるものがあるのではないか、それはこんなものではないか、といった仮説を立て、それを導き出せる手法を選んで多変量解析を行うと、新たな発見があるかもしれない。

(6) セントラルロケーションテスト（CLT）

会場調査とも言う。あらかじめ準備した会場に対象者に来てもらい、アンケートやインタビューを行う調査手法のことである。試食をしたり、デザインを見たり、売り場を再現した棚を見たり、テレビでCMを見てもらったりして、実験的な環境を作り、調査を行う。

メリットとしては、対象者に豊富な情報やパッケージ、テスト品を提示することができ、それらの評価や感想を得ることが可能で、提示した物に対して、率直な意見・評価・感想が得られる。テレビCM

や商品の評価の調査によく使われる。また、対象者の反応を観察することもできる。

一方、対象者を集めることに課題があり、会場近くで対象者をリクルートする場合は、出現率の高い対象者条件でなければならないし、その会場周辺環境に対象者のリクルートは影響される。一定の条件をもとにあらかじめリクルートしておき、会場に来てもらい調査を行う場合もある。ただし、かなり偏った抽出になることもあるので、抽出方法には注意が必要である。

(7) ホームユーステスト

商品やテスト品を対象者に自宅で消費してもらい、商品やテスト品の評価や意見、感想を得る調査方法である。家庭という環境下でいつも通りに消費してもらうため、他の調査に比べ、評価が実生活における消費に近い状態で評価が得られる。また、ある一定量を使ってもらうことや、ある一定期間使ってもらうことにより、正確な評価を得ることができ、実生活に即した課題の抽出ができる。つまり、商品やテスト品の評価としては、かなり信頼できる結果が得られる。

ブランドを明らかにして行う「ブランデッドテスト」とブランドを隠して行う「ブラインドテスト」がある。また、ひとつの商品やテスト品をテストする方法と二種類以上の商品やテスト品を比較する方法がある。

調査のベネフィット

◇◇◇◇◇◇

調査部門や調査会社の人の多くは、その調査は「ちゃんとした調査設計がなされているか」「消費者の意見が正しく反映された調査結果であるか」にこだわったり、調査結果の分析や報告の方法にこだわったりする。もちろん、それは当たり前のことで、調査を依頼する側からも、それらを期待されているし、調査とは本来そういうものである。ただ、私は「その情報は、ビジネスを成功に導くべになるか」「その調査は、マーケティングや開発を成功に導くことができるか」を考える。

「調査をしたら、こんな結果が出ました」では、「じゃあどうするの?」と言った疑問には答えられない。しかし、可能性がないことを可能性があるように言うことや、忖度して、無理やりポジティブな見方をして伝えると、間違った判断を導き出し、結果としてビジネスを成功に導くことはできない。

重要なことは、調査を設計する段階で「その調査のベネフィットは何か」ということを考えることである。つまり、その調査をすることによって得られる便益を明確にし、調査に反映させることである。

代表性

◇◇◇◇◇◇

調査ではよく使われる言葉であり、重視される概念である。定量調査で何百人か、場合によっては何千人かそれ以上にアンケートしたり、インタビューしたりして、調査を行うのは、たまたま意見を聞いた人の意見を知りたいわけではなく、それによって、ターゲット（調査では母集団という）の人たちの意見を知りたいからである。つまり、たまたま聞いた人たちが、ターゲットの人たちの意見を代表しているという考え方である。

例えば、いまどきの女子高生の意見を知りたいとき、たまたま集められた女子高生100人にアンケートを行い、その結果を女子高生一般の意見として理解する。これはすなわち、この100人が女子高生の代表としてアンケートに答え、一般的な女子高生の意見と同じであるとみなす。これを代表性という。

インターネット調査の代表性が問題視されていたのは、インターネット調査に参加している人たちが一般の人を代表していると言えるか、という疑問であった。かつては、インターネットを使用している人たちは、一般の人たちとは違うライフスタイルや価値観を持っていたり、年齢や性別などデモグラフィックな属性も偏りが顕著であったので、代表性がないと思われていた。しかし、インターネットの普及によって、年齢・性別やライフスタイルによる偏りも緩和され、普通の人が普通にインターネットを使う時代になったことや、調査会社のモニターの抽出や管理がしっかりしていることなどから、インターネット調査の代表性もかなり改善されてきたようである。

第2章　狙い所を探すための調査

(1) 伸びている未成熟市場を探すために

他社商品も含めた商品ごとの売れ行きがわかる販売データを使う。POSデータがあれば、それを活用する。ない場合は、POSデータを入手するか、それに類するデータを活用する。本書では、以後POSデータを含め、「販売データ」として、まとめて呼称する。

手っ取り早い方法は、販売データを扱っている調査会社に、伸びているカテゴリーを調べてもらうことだが、できれば、常々、販売動向を見ておきたいので、会社で販売データを入手し、調査部門にカテゴリーごと、場合によってはサブカテゴリーごとに分類したデータを分析してもらう。常に売り上げが伸びているカテゴリー、逆に売り上げが縮小しているカテゴリーを把握しておく。売り上げの縮小が続いているカテゴリーは、売り場が縮小されることが予想されるので、場合によっては、ラインナップの見直しが必要かもしれない。

このような方法が、何らかの理由で難しい場合は、やはり調査会社を使うことになる。1年に1回かそれ以上の頻度で、関連するカテゴリーの売り上げ動向をレポートしてもらう。

分析の方法は、12カ月移動累計で行う。この方法でトレンドをつかむことができる。12カ月移動累計は、月ごとの変動、季節変動、日々の変動等の影響を抑えて、売上動向の傾向を見ることができる。グラフにすると一層わかりやすくなる。

伸びているカテゴリーがあったら、その要因を分析する。当該カテゴリーの多くの商品が伸びているのか、ある特定の商品が伸びており、それがカテゴリーの売り上げをけん引しているのか、など。場合によっては、小売業の都合で当該カテゴリーの売り場を広げ、それが当該カテゴリーの売り上げの伸びに繋がっていることもあるかもしれない。要因は、市場の特定には重要な要素である。

カテゴリーの売り上げが伸びているということは、まだ成熟していない市場であり、新製品投入のチャンスがあり、成功する可能性を大いにあることを意味する。消費者の購買行動が積極的で商品情報も広がりやすい可能性がある。一方、売り上げが縮小していた成熟したカテゴリーが、環境変化によって売り上げが伸びに転じる場合がある。こういう場合は早く見つけたい。そのカテゴリーに商品を持っている場合は、商品の見直しレベルの新製品で大きな成果が得られる場合があるからだ。ただし、要因によっては、一から新製品を開発しなければならない場合もある。

伸びているカテゴリーが見つかり、その要因も特定できたら、次はその要因の背景を調べる必要がある。例えば、当該カテゴリーの多くの商品が伸びているとしたら、それは消費者の使用頻度が増えているのか、使用場面が増えているのか、消費者自体が増えているのかなど、売り上げが伸びている要因の背景を調べなければならない。特定の商品が大きく伸びている場合は、その商品がなぜ伸びているのかを調べる。まずは当該カテゴリーが関わるベンチマーク消費者態度調査があるなら、それを見てみる。定量調査を実施し、使用頻度や使用場面、使用者の拡大を調べることもできる。

要因の背景がわかってきたら、掘り下げてみる。消費者がなぜ使用頻度を増やしているのか、どんな使用場面が増え、その理由は何なのか、消費者が増えている理由は何なのか、など。当該カテゴリーの売り上げが伸びている根底にある理由は、開発の狙いになるので、徹底的に掘り下げるべきである。そのための方法は、定性調査が良いだろう。定性調査でそれらの理由を消費者に聞いていく。その定性情報には、開発の狙いやベネフィットのヒントがあると思われる。

ここまでの流れを整理すると、次のようになる。

①販売データを使って、売り上げが伸びているカテゴリーを見つける。
②そのカテゴリーの商品別やサブカテゴリー別の動向を分析して、当該カテゴリーの売り上げが伸びている要因を特定する。

③定量調査を使って売り上げが伸びている要因の背景を調べる。
④定性調査を使って、背景を掘り下げ、根底にある理由を調べ、仮説を立てる。
⑤仮説をもとに狙うべき市場とするかどうかを判断する。

(2) サブカテゴリーが市場に発展する状況を見つけるために

そもそもサブカテゴリーとはなんであろうか? いろんな定義はあるが、「カテゴリーを分類したもので、売り上げの規模が比較的小さい商品の集合体」でよいのではないか。本書では、この考え方で進めていきたい。

前述の通り、サブカテゴリーがカテゴリーと言われる規模に成長する過程は、用途やターゲットを開拓しながら商品数が増えていくので、新しいベネフィットが消費者から求められている状態、言い換えると新製品が必要とされている状態である。従って、早くそういったサブカテゴリーを発見し、サブカテゴリーがカテゴリーに発展していく、つまり売り上げが伸びていくことをけん引する商品を開発したい。

サブカテゴリーの売り上げが伸びていることを見つける手順は、前項の「(1) 伸びている未成熟市場を探すために(p128)」と基本的には同じである。販売データをサブカテゴリー別に分類し、12カ月移動累計で分析する。

前項と違うポイントはふたつある。

ひとつは、どのようにサブカテゴリーを設定するかである。すでにあるサブカテゴリーの分類方法にこだわらず、カテゴリーをいろいろなサブカテゴリーに分類してみる。カテゴリーをサブカテゴリーに分類するとき、いくつかの分け方がある。例えば、用途別、機能別、スケール別、形状別など多種多様の分け方がある。ひとつの分け方に決めて分析するのではなく、意味があると思われる分け方をすべてやってみることである。つまり、いくつかの分け方で分類されたサブカテゴリーを12カ月移動累計で分析してみる。そうするとある分け方のあるサブカテゴリーが伸びていることが見つけられることがある。サブカテゴリーの分け方は、言い換えれば、ベネフィットの種類による分類とも言える。いろいろな分け方によるサブカテゴリーの売り上げ推移を分析することは、どんなタイプのベネフィットのニーズが増え、逆にどんなタイプのベネフィットのニーズが減りつつあるかを把握することができる。それによって、商品戦略の立案や見直しに役立てることができる。このいろいろな分け方によるサブカテゴリーの販売データの観察は、多くのヒントを与えてくれるだろう。とりわけ新製品開発には、役に立つ情報になる。

もうひとつのポイントは、サブカテゴリーが小さい売り上げ、少ない商品数になる場合がある。そして、それが小さな変化を示している場合がある。これを誤差だと早計に判断してしまわないことだ。小さな変化から大きな変化を予測することは、ビジネスの最重要プロセスである。誤差かもしれないが、必ず「あれっ」と思う小さな変化に着目し、調べてみる習慣をつけよう。

伸びているサブカテゴリーが見つかったら、後の手順は前項の①②③④⑤（P130〜131）と同じである。

(3) スキマ市場発見のために

前項の伸びているサブカテゴリーを見つけることと一見似たようなことだが、考え方とアプローチが違う。前項は、販売データの分析・観察を手段として使い、伸びているサブカテゴリーを見つけ、当該サブカテゴリーをけん引する商品を開発することを目的とした。

スキマ市場の発見は、特定の特化したベネフィットを持ち、あるニーズを充足している商品があり、それを購入している消費者が存在する。そういった市場を発見し、その市場が大きな市場に発展するように、ベネフィットの進化を図った新製品を開発することを目的とする。

あきらかにわかっているスキマ市場もあるので、その場合は、スキマ市場を探す必要はない。わかりにくいスキマ市場を発見する方法を説明する。

ひとつは、スキマ商品を発見することである。スキマ商品は、ある特殊なタイプの商品がひとつだけ存在している場合である。まだ市場と呼ぶには小さく、サブカテゴリーも形成していない、ひとつの商品だけが細々と存在している。スキマ商品は、特殊なベネフィットを訴求しており、ある限られた消費者に愛用されている商品である。こういった商品を見つけ、この商品のもつ特殊なベネフィットを改良することによって、より多くの消費者に訴求できるものにならないかを検討する。うまくいけば、かなり有効な開発になる。

このスキマ商品を見つけるためには、まず、売り場に行く。そこで変わった商品、コンセプトが異彩を放っている商品、他の横並びの商品とは違った訴求がされている商品など、「ちょっと違うな」と思える商品を見つける。そして、その商品の売り上げ状況を分析する。12カ月移動累計で売り上げ傾向を見てみる。発売されてあまり時間がたっていない場合は、発売されてから以降の月別の売り上げ動向を見てみる。売り上げが伸びていれば、調べるに値する。伸びていなくても、ある一定の規模で安定して売り上げが推移していれば、調べる価値はある。

調べる価値があると思われる商品の調べ方を説明する。まず、定量調査でその商品のユーザーを調べ、どのような目的でどのように使用しているかを調査する。併せて当該商品のユーザーがどんな消費者なのかを調べる。デモグラフィック属性やユーザー度（ヘビーユーザー、ミディアムユーザー、ライトユーザー）、当該カテゴリー商品の関与度などを調べる。当該商品のユーザーがヘビーユーザーで関与度の高いユーザーが比較的多く、使用目的や使用場面に「なるほど感」があるような場合は、開発にチャンスがあると判断できる。狙うべき市場として特定できる。

特定したら、開発の作業に入っていく。当該商品のユーザーでヘビーユーザーかつ関与度の高いユーザーをリクルートし、定性調査を実施する。1対1面接がよいだろう。聞くべきことは、当該商品の魅力は何なのか、他の同タイプの商品では代用できないのか、それはなぜなのか、その商品を改良するとすれば、なにをどう改良してほしいのか、などを聞いていく。これらの情報をもとにベネフィットの進化を図り、開発がスタートする。

もうひとつの方法は、先行層の購入・使用状況からアプローチする方法である。先行性のある消費者の中には、一般的な商品やサービスでは満足できない消費者がいる。このような消費者をユーザーとしている商品がいくつかある場合、これらの商品の同タイプのベネフィットの集合体がスキマ市場を形成している。

スキマ市場は、規模が小さい市場であるので、それらの商品を購入する消費者の数は少ない。特定の目的・使用場面に特化しているため、一般には普及せずに存在しているが、スキマ商品のところで記述したように、ベネフィットを進化させることによって、市場を拡大することができる。

では、表面化していないスキマ市場を見つける方法を説明する。ベンチマーク消費者態度調査から対象のカテゴリーのヘビーユーザーを先行層と非先行層に分ける。分析をわかりやすくするため、中間的な人たちは省く。そして、この先行層と非先行層の比較分析を行う。購入・使用商品、使用目的、使用場面などを詳細に比較し、分析する。購入・使用商品の差異に着目し、それらがスキマ市場を形成していないかを考察する。使用目的や使用場面の差異からは、商品自体は一般的な商品かもしれないが、使用目的や使用場面がメーカーなどの提供側が意図した使用目的や使用場面でなかった場合には、スキマ市場は、商品として存在していないが、使用目的や使用場面として、存在していることになる。例えば、焼き肉のたれを料理の調味料として使用しているといった場合のように。つまり潜在化しているスキマ市場である。

スキマ市場が存在しており、開発のチャンスがあると判断したら、狙うべき市場に特定し、開発の作業に入っていく。手始めに、スキマ市場を形成していると思われる先行層のユーザーを集めて、定性調査を行う。比較分析で抽出した一般的なヘビーユーザーとの差異について、インタビューを行い、ベネフィット進化のための定性情報を集める。

付け加えておくと先行層ではない人たちが形成しているスキマ市場もあるかもしれない。ただ、こういうスキマ市場は、ベネフィットの進化によって、市場が拡大することは、あまりないかもしれない。どちらかというと取り残された市場である可能性がある。

（4）代替市場発見のために

第1部で大まかな流れは説明したので、その流れに沿って、説明していく。

カテゴリーごとの販売データを12カ月移動累計で、売り上げのトレンドを見る。中期的に売り上げが下がっている傾向のあるカテゴリーをチェックする。次に、当該カテゴリーの商品を買わなくなった消費者を対象に定性調査を行う。1対1面接が良いだろう。かつてヘビーユーザーで、現在は当該カテゴリーの商品を買っていない消費者をリクルートする。ただし、ライフステージの変化によって、当該カテゴリーの商品を買わなくなった消費者は除く。例えば、子供が大きくなったので、幼児用商品を買わなくなった場合などである。

対象者に、かつてどんな目的でどの商品を購入し、どう使っていたか、当該カテゴリーの商品を買わなくなった理由は何か、代わりに買っているものがあるのか、どんな商品があれば買ってみたいと思うか、など、当該カテゴリーが提供していたベネフィットは何だったのか、そのベネフィットは不要なものになったのか、当該カテゴリーに対するニーズは何だったのか、そのニーズは今もあるのか、を推察できるような質問をインタビューする。

この調査で得られた情報をもとに仮説を立てる。この仮説によって、ニーズが縮小していると判断できるのであれば、この代替市場の探索はやめる。ただし、表面的なニーズにとらわれず、当該カテゴリーが提供していたベネフィットを丁寧に調べ、それに対するニーズがなくなったのか、それはなぜなのか、などを十分考察して判断する。

仮説から、ニーズはあるがニーズを充足させる商品が陳腐化している、もしくはニーズ自体が変化し、当該カテゴリーの商品がこのニーズの変化に対応しきれていない（こちらの可能性が高い）と判断したら、どんな代替商品・代替市場があるのかを探索する。

先の定性調査で集めた情報からの仮説で、代替商品をいくつかあげられていると思うので、代替商品がどのようなカテゴリーの商品なのか、その代替商品の売り上げの推移はどうなっているのか、などを考察し、販売データを使って調べる。この代替商品と思しき商品をまとめて代替商品群（1品しかなかったら1品で考える）とし、この代替商品群の売り上げ推移を12カ月移動累計で分析し、衰退している当該カテゴリーの売り上げ推移と相関関係を見てみる。負の相関が見られたら、代替商品・代替市場が存在しているとと判断できる。おそらくきれいな相関関係は観察できないかもしれない。代替商品は、必ずしも代替商品としての目的のみで買われているとは限らない。従って、相関関係がはっきりと出ていなくても、12カ月移動累計で、代替商品群が緩やかに伸びていたら、代替商品の役割を果たしていると判断してもよい。そして、狙うべき市場として特定するかを判断する。

狙うべき市場として、この代替市場を特定したら、開発作業に取りかかる。まず、代表的な代替商品のベネフィット分析を行う。代表的な商品が複数あれば、それらの商品のベネフィット分析を行う。複数やったほうが良い。まず、それらの商品のパンフレットやホームページ、インターネットなどから、それらの商品が提供していると思われるベネフィットを調べ、箇条書きにする。衰退市場が提供しているベネフィットも箇条書きにしておく。衰退市場が提供しているベネフィットと代替商品が提供しているベネフィットを比較観察し、衰退市場のニーズを満たしていると思われるベネフィットを抽出する。

もちろん、このベネフィットだけで商品を開発すると衰退市場の商品になってしまうので、代替市場が本来持つベネフィットをベースにしながら、衰退市場の受け皿になりうるベネフィットを再構築し、開発を進めていく。

まだ代替商品がない場合は、衰退市場のニーズを充足する新たなベネフィットを探すことによって、代替商品の開発を行う。ベネフィットの探し方については、後述する「第3章（3）ベネフィットを探すために（定性調査を活用）（P149）」の項を参照してほしい。

（5）シーズ先行型開発のために

第1部で説明した内容に沿って、説明していく。まず、メインターゲットを見つけなければならないので、その手順を説明する。

シーズ先行型の場合は、商品説明文章を作成する。品質的・技術的特徴を箇条書きにして、できるだけわかりやすく、どんな特徴があるか、一般の消費者が理解できるように作成する。アイデア先行型の場合は、アイデアシートを作成する。やはり、どんな商品なのか、どんな良い点があるのか、その商品を使うことによって、どんな満足が得られるのか、などが消費者に伝わるようなものにする。

次に、これらの商品説明文章やアイデアシートを使って、購入意向の定量調査を行う。広く網をかけるため、インターネットリサーチが良いかもしれない。商品にもよるが、先入観を捨てて、性別年齢などにとらわれず、広い層を対象に調査する。高齢層を必ず入れておく。高齢者をターゲットとした商品ができれば、それに越したことはない。この段階であまり質問をたくさんする必要はない。購入意向と商品説明文章やアイデアシートの魅力的な部分がわかればよい。ただし、分析のためのデモグラフィック変数とサイコグラフィック変数は聞いておく。
この調査結果を分析すると、この商品案が購入層として期待できるターゲットを見極めることができる。特徴的に購入意向の高い層があれば、その層がメインターゲットとなる。年齢性別などのセグメンテーションで、特徴がでない場合。つまり、どの層もそこそこの購入意向があり、どの層がメインターゲットだとは言えない場合は、他のデモグラフィック変数によるセグメンテーションで分析してみる。所得や職業、世帯構成などのセグメンテーションで特徴が出る場合がある。それでも特徴が見られない場合は、サイコグラフィック変数によるセグメンテーションによる分析を行ってみる。ライフステージや価値観、好みによって、特徴が出る場合がある。これも立派なターゲット層となりうる。どのようなセグメンテーションでも特徴的に購入意向の高い状況が見られず、さりとて全体的にも購入意向が高いとは言えない結果の場合は、この商品案は、開発しても成功する可能性が低いと判断せざるを得ない。メインターゲットの見えない商品が成功することは少ない。

メインターゲットが設定できたら、次はこの商品案のベネフィットを探る。技術先行型やアイデア先行の商品案は、作り手が期待しているベネフィットと消費者が認めるベネフィットが違う場合があるので、商品案の魅力的な部分、つまりベネフィットを明確に把握し、開発を進めるべきである。

先ほどの定量調査で、商品説明文章やアイデアシートの魅力的な部分を聞いてあるので、メインターゲットとなった層が魅力的と感じるところがベネフィットになる。ただ、ベネフィットを何にするかで商品の成功可否がかかっていると言っても過言ではないので、ベネフィットに関しては、掘り下げて調べておくほうが良い。

先ほどの定量調査で、このメインターゲットに設定した層の中から先行性のある対象者を抽出する。その中から、商品説明文章やアイデアシートを使って聞いた購入意向で、購入意向のトップボックス、例えば「絶対に買う」などにマークした対象者をリクルートし、定性調査を行う。商品説明文章やアイデアシートの魅力的な部分について、詳しく聞く。定性調査から得られた情報と先ほどの定量調査で得られた情報を併せて、分析・考察し、ベネフィット候補をリストアップする。

そして、改めてメインターゲット層を対象に定量調査を行い、ベネフィットの評価を行う。ベネフィット候補をそれぞれ5段階評価で聞き、ベネフィットの魅力度を測定する。これらの結果をもって商品コンセプト作成に進む。

セグメンテーション　◇◇◇◇◇◇

マーケティングにおけるセグメンテーションは、従来、年齢性別によって行われてきた。しかし価値観が年齢・世代・性別を超えて、多様化している現在では、年齢性別によるセグメントでターゲットを特定するのは、難しくなっている。例えば、ジャニーズのファンは今では10代20代に限らず、すべての年齢層に広がっているし、ＡＫＢのファンも同様である。スイーツ好きと言えば、女性という時代から、スイーツ男子なるものも出現している。

デモグラフィックな変数の中でも、世帯構成や所得、職業によるセグメンテーションの方が消費行動に対する説明力があるし、「なぜそのような行動をとったか」など消費行動を深堀して説明するには、サイコグラフィック変数を使う必要がある場合もある。サイコグラフィック変数は客観的な変数ではないため、本音かどうかといった疑問は残るが、消費行動の要因を深く理解するためには有効な変数である。ただ、年齢性別以外のデモグラフィック変数やサイコグラフィック変数は入手しづらいという問題もある。

しかし、これからの消費行動は、これらの変数によるセグメンテーションを使わないと説明できないだろう。これら変数がわかるサンプルとして、パネルを使った調査がある。対象者のいろいろな変数がわかっている登録制のサンプルを使った調査である。ただし、代表性には注意をした方が良い。

第3章　切り口探索やアイデア出しと調査

(1) 売れ始めた商品を見つけるために

開発マンは、自分が担当しているカテゴリーの新製品は、常に観察しているだろう。ただ、競合企業の新製品、急激に売り上げを伸ばしている新製品、売り上げ規模の大きい新製品、業界で話題になっている新製品などの動向には注視しているが、そうではない新製品には、あまり注視していないことが多い。大企業ではない企業が、ユニークな商品を発売して、売り上げ規模は小さいが、地道に売り上げを伸ばしている例は多い。最近では家電のベンチャー企業が良い例だ。第1部で記述した通り、売り上げは小さいが売り上げが伸びている商品を早く見つけて、開発のヒントにしたい。その方法は、やはり販売データを活用する。

新製品の多くは、すぐに市場から消えてしまう。おそらく、どの業界でも、多かれ少なかれ、こういった傾向はあるだろう。消えていく新製品は、大したベネフィットをもっていなかったと思われる。少なくとも消費者の支持が広がらなかった、もしくは興味を持つ人は多くはなかったと考えてよいだろう。

そうではなく、大企業のように、大規模な売り出しや広告はできないが、商品自体に魅力があり、一部の消費者から支持され、それが徐々に広がっていくような新製品を見つけ、開発のヒントにする。

新製品の販売データの観察から、このような新製品を見つけるのだが、新製品なので、12カ月移動累計は使えない。日々の売れ行きの推移を観察することによって、見つけることになるが、ここで重要なことは、新製品の発売当初の売れ行き推移を観察して、その後の動向を予測できるノウハウを持っていることだ。カテゴリーによって、新製品の標準的な動向が違うので、一概に説明することはできないが、新製品が発売されてからの売れ行き推移を観察すると、すぐに消える商品、しぶとく残りそうな商品、伸びていく商品、ぐらいには分類できるノウハウは欲しい。よくノルム値という指標を作り、予測することが多い。このためには、過去の新製品の発売後の動向をデータとして蓄積し、分析しておく必要がある。これは調査部門の仕事だが、そういった調査部門がない場合は、調査会社に依頼し、そのようなノウハウを持っておく。売れ始めた商品を見つけ、開発のヒントにするためには、新製品発売後の早い段階でヒントになる商品を見つけなければならないので、このノウハウは必要である。

しぶとく残りそうな商品、伸びていく商品と判断できたら、開発のヒントになる可能性があると判断できる。しぶとく残りそうな商品は、言うなればスキマ商品になる可能性がある。伸びていく商品は、改良次第によって、大商品になる可能性がある。カテゴリーによっては、ローカル商品にも、このような開発のヒントになる新製品もあるので、それらも観察できるようにしておく。誰が見てもわかるヒット商品を真似て開発しても、単なる二番煎じにしか過ぎないが、メジャーではない新製品を改良したものを発売して成功させると、一番煎じになれるのだ。

◇◇◇◇◇◇

ノルム値（基準値）

定量調査や販売データなどの数値を扱うデータの分析に欠かせないものがノルム値である。カテゴリーやデータの種類によって、数値が意味することが違ってくる。例えば、飲料の新製品は、CVSのPOSデータを1週間見れば、その商品がすぐに消える商品かどうか判断できるという。それは、過去発売された新製品の販売データを蓄積し、観察することによって、ノルム値を作っているからだ。定量調査においても、ノルム値はとても重要である。カテゴリーによって、標準的なデータが違う。チョコレートのおいしさの評価基準とガムのおいしさの評価基準は違う。

同質のデータを蓄積し、分析することによって、ノルム値は得られる。このノルム値は、やはり、同質のデータの評価や分析に用いられる。同質のデータとは、販売データでは、同じカテゴリーが同様の環境から観察されたデータであり、定量調査では、同じカテゴリーで同様の調査環境で行われた調査の調査結果のことである。

ノルム値は、言い換えれば、平均値である。販売データでは、新製品が売場に残っていくために必要な売れ行きの平均値であり、定量調査では、開発品が成功するための評価値の平均値である。信頼できる平均値を出すためには、それなりのデータ数が必要となる。ノルム値が一番必要とされるのは、調査結果から評価の判断基準がわからないときや代表性に不安がある調査結果を評価するときである。学校のテストも、テスト結果は、絶対的な点数で評価するのではなく、平均点を上回っているか、下回っているか、上回っているとしたどれくらい上回っているか（偏差値）などで評価をする。それと同じ考え方である。

ノルム値は、ビジネスに幅広く活用できる。耐久財の平均所有年数を算出することによって、新製品開発のサイクルや新製品の発売時期の参考にする。ブランドの認知率とシェアの関係を分析し、目標とするシェアを達成するための認知率のノルム値を作り、広告戦略を構築する。しかし、ノルム値が一番活躍するのは、開発における調査結果の評価であろう。

（2）売れ始めた商品のベネフィットを見つけるために

第1部で説明した通り、売れ始めた商品の重要なベネフィットを見つけ出し、そのベネフィットに特化したり、改良したりした切り口を作ることによって、開発を行う。売れ始めた商品のベネフィットは、消費者ニーズのある部分を捉えているが、十分に満たしていない可能性があるので、それを十二分に満たすベネフィットを作り、このベネフィットを明確に打ち出した切り口を作ることによって、成功する新製品を開発する。

売れ始めた商品のベネフィットを見つけ、改良や特化によって、より魅力度の高いベネフィットを作るためには、当該商品の購入者を集め、定性調査を行う。グループインタビューが良いと思われる。グループダイナミクスを使い、ベネフィットの抽出のみならず、ベネフィットの改良や特化、場合によっては、当該商品の改良型新製品のアイデアまで発展させたい。

調査に入る前の準備として、当該商品のベネフィットを調べておく。当該商品のパッケージやパンフレット、ホームページなどから、ベネフィットと思われるものを箇条書きにしておく。これをグループインタビューで使うことによって、当該商品のベネフィットについて、もれなく話し合ってもらい、魅力的なベネフィットを抽出し、場合によっては、ベネフィットの改良や商品アイデアまで発展すると大きな成果になる。

1対1面接を使って、ベネフィットの抽出をしていく方法もある。こちらの場合は、ベネフィットの箇条書きは、それに影響される可能性があるので使わず、当該商品の購入者に商品の魅力的なところ、改良してほしいところを聞き出し、ベネフィットをリストアップする。

こうしてリストアップされたベネフィットは、想定ターゲットを対象に定量調査でベネフィットの評価を行う。想定ターゲットは、広めに設定したほうが良い。前述したが、どのような消費者が評価してくれ、購入してくれるか、わからない時代である。作り手の期待通りに消費者が行動してくれる時代ではない。ビジネスチャンスを逃さないためにも、ターゲットが明確に設定できていない調査段階での想定ターゲットは常に広めに設定しておくことをお勧めする。

そして、定量調査結果からメインターゲットを設定し、メインターゲット層のベネフィットの魅力度評価の結果をもって商品コンセプト作成に進む。想定ターゲット全体による評価の結果は用いない。想定ターゲットは広く設定しているので、ターゲットにならない人たちの評価まで含まれるからだ。

(3) ベネフィットを探すために（定性調査を活用）

ベネフィットを探すための定性調査は、主に3つの方法がある。

①1対1面接

まず、クエスチョンフローを作成する。調査目的は、切り口になるベネフィット探しであるので、その辺りを十分に意識しながら、クエスチョンフローを作成する。例えば、現在使用している商品の良いところを聞き、その良いところがどうなれば、さらに良くなるのか。工夫した使い方はしているのか。どんな商品があればもっと有用か、その理由は。使用している商品にプラスアルファを付けるとすれば何が必要か、その理由は。など、ポジティブな意見を聞き出すようなフローを作る。そうすることによって、対象者は前向きな気持ちになって、ポジティブなベネフィットや欲しい機能、こんな商品があったら、などの意見が出やすくなる。決して、不平不満ばかりがでてくるようなフローにはしないことが重要である。

1対1面接の良いところは、インタビュアーが聞きたいところを突っ込んで聞くことができるところである、クエスチョンフローに沿って進めるが、インタビュアーの判断で面白い話が聞けそうなところでは、話を掘り下げていくことも大切である。

なかには、発想力があり、アイデアをもっている対象者にあたることもある。このような人からは、切り口やアイデアのネタになる話を聞くことができるので、どんどん価値ある話を引き出すようにしたい。

注意しなければならないのは、対象者が発言したくなくなる、もしくは発言しにくくなるような環境を作らないようにすることである。また、回答を誘導するような聞き方もしてはいけない。あくまで対象者に切り口やアイデアのネタになる話を自然に聞き出すことが重要であるので、インタビュアーはそこを念頭において、インタビューを進めるようにする。また、あまり露骨に聞きたいことをガツガツ聞くことも良くない。会話の中で自然に出てくるように話を進める。対象者が期待に応えようと無理に話を作る場合もあるからだ。

この辺りは、慣れたインタビュアーを使うと問題ないのだが、商品開発のための切り口やアイデアのネタになるような話を聞き出すためには、当該カテゴリーや商品の知識、使用場面や使い勝手、ベネフィットなどをよく知っている人が望ましい。従って、自社の調査部門の人間か開発マン自らがインタビュアーを務めることが良い場合もある。

対象者一人当たりのインタビュー時間は、バラつきがあってもよい。良いネタを提供してくれる対象者と話が盛り上がれば、長くなることもあるし、あまり得るものがないと思われる対象者は短くなるだろう。30分から60分ぐらいで考えておけばよいが、良い話が聞けて、話も盛り上がった対象者は、相手の了解のもと、延長して話を聞いてよい。

定性調査では、対象者の選定がとても重要である。切り口やアイデアのネタになる情報が得られるかどうかは、この対象者選定にかかっているといっても過言ではない。

対象者は当該カテゴリーの使用者でヘビーユーザー中心になる。購入頻度が高い、使用頻度が高い人たちは、商品のことをよく知っているし、うまく使いこなしている人が多い。ただし、ヘビーユーザーには、保守的な人たちもいる。いつも使っている商品で満足しており、特に問題意識を持たない人たちである。いわゆる関与度が低い人たちである。このような人たちを対象者に選ぶとあまり実のある話は聞くことができない。

ターゲットとして考えている層があるなら、その層のヘビーユーザーで関与度の高い人を選ぶことになる。

先行層ユーザーをインタビューすることは効果的だが、それは後述の「第2部第3章（5）先行層からヒントを得るために（P163）」を参照してほしい。

1対1面接において、インタビューする人数は、もちろん多ければ多いほど、切り口になるベネフィットが見つかる確率は高くなるが、費用もさることながら、時間と手間がかかる作業なので、対象者の質にこだわり、人数はできる範囲に設定するしかない。時間があれば、まず10人実施して、反省を踏まえ、フローの見直し、対象者選定の検討などを行い、もう10人行う。この段階で十分情報が得られれば良い。十分ではなく、まだ続けることで良い情報が得られると判断すれば、もう10人やってみる。逆にこれ以上やっても良い情報が得られそうにないと判断すれば、1対1面接は打ち切って、他の方法を検討する。

開発マンは、インタビュー終了後、発言録が上がってきたら、しっかり目を通す。報告書からアイデアは生まれない。生の発言にヒントはあるものだ。そういった意味では、発言録をしっかり読み、そこから新しいベネフィットを見出すようにする。慣れないうちは時間がかかるが、慣れてくるとコツがわかってくる。

少なくとも20人の平均45分ぐらいの発言録であるので、膨大な文字情報である。その中に開発のヒントが埋もれていると思い、丁寧に読むことが大切である。従って、かなり手間のかかる作業である。手間を惜しんでは、良い商品はできない。そう肝に銘じて、行ってもらいたい。

②グループインタビュー

最もよく使われる定性調査方法かもしれない。「定性調査＝グループインタビュー」のイメージがある。しかしながら、この調査は、実はとても難しい調査手法だと思う。何のために数人集めて、グループ形式でインタビューを行うのか？　単純にインタビューするためなら、1対1面接の方がよい。なぜなら、グループ形式でインタビューすると、他の人の意見に影響されたり、特定の人の考え方に流されたりするので、対象者の意見や考え方を聞きたいのであれば、1対1面接の方が良い。

グループインタビューの最大の特徴は、対象者同士がお互いの発言によって触発され、話題が発展し、潜在的なニーズなどが表面化することである。このためにグループインタビューを使うといってよい。繰り返しになるが、定性情報を集めることが目的であれば、1対1面接にするべきである。

意識下にあるニーズや普段意識している意見や感想は、普通にインタビューして聞き出すことができる。しかし、多くのニーズや感想、意見などが潜在化されているケースもある。それを表面化させて聞き出すことができる調査手法がグループインタビューである。

他の人の発言や意見から、「ああ、そう言えば」と言って、話し始めることがあると思う。これは、潜在化されていたことが表面化した瞬間である。また、会話で盛り上がって、面白いアイデアに発展することもあると思う。アイデア出しの手法として使われるブレーンストーミングもこういった手法である。このようなことを調査の場で起こすことを目的とした調査手法が、グループインタビューである。

もし、このような目的でグループインタビューを実施したいのであれば、相当な技量のあるモデレーター（グループインタビューで司会進行を行う人のこと）を使う必要がある。どうやって、技量の高いモデレーターを探すかが問題であるが、定性調査を得意にしている調査会社に「グループダイナミクスを使って潜在化されたニーズを引き出すことができる高い技量を持ったモデレーターを紹介してほしい」と頼むしかない。ギャラは高いと思うが、しかたがない。へたなモデレーターを使ったグループインタビューはやらない方がよい。モデレーターは、グループインタビューの司会進行だけではなく、調査の企画や設計から報告まで関わる。

多くのグループインタビューが、単なる集団面接になっている。それだったら、1対1面接の方が効果的である。グループインタビューは、例えば6人2時間やったとして、一人あたま20分の情報量、1対1面接は平均で一人あたま45分の情報量、倍以上の情報量の差があり、その上、グループインタビューで集められた情報は、人の意見に左右された本音かどうかわからない情報である。

グループインタビューを否定しているのではなく、グループインタビュー本来の効果を導き出すためには、難易度の高い調査手法であるということを強調しているだけである。そのかわり、うまくやれれば、潜在化していたニーズや新しいベネフィットを見つけることができる効果的な手法である。

グループインタビューにおいても対象者の選定は重要である。前項の「①1対1面接（P149）」で説明したヘビーユーザーで関与度の高い人や先行層ユーザーを対象者として選定するのが良いだろう。

グループの作り方は、同質のグループを作ることが基本である。性別、年代、収入レベル、職業、ライフステージ、ユーザー度、関与度、先行性など、価値観が共有できそうなグループを作ることによって、グループダイナミクスは起こりやすくなる。例えば、ひとりだけ商品知識が豊富な人がいるグループでは、他の人は聞き役に回り、発言が出なくなる。当然グループダイナミクスは起こりにくい。

グループ数は、やはり多ければ多いほど、切り口になるベネフィットが見つかる確率は高くなるが、まずはメインターゲットの層を4グループほど実施してみる。通常のグループインタビューでは、1セグメント（同質のグループ）で2グループ設定するのが基本であるが、ベネフィットを探すために実施するグループインタビューでは、特にこだわる必要はなく、この人たちに聞くと良い情報が得られそうだと思われるセグメントを中心に行えばよい。まず4グループを実施した後、反省を踏まえ、フローの見直し、対象者選定の検討などを行い、もう4グループやってみる。この段階で十分情報が得られれば良い。十分ではなく、まだ続けることで良い情報が得られると判断すれば、もう4グループやってみる。

もしくは、セグメントを変えた方が良いと判断した場合は、セグメントを変えて実施する。これ以上やっても良い情報が得られそうにないと判断すれば、グループインタビューはやめて、他の方法を検討する。

開発マンは、当然、グループインタビューの企画から関り、当日は、グループインタビューをモニタリングする。グループインタビューをモニタリングしながら、気になったことやネタになりそうな発言をメモに取り、グループインタビュー終了後、ブリーフィングに参加する。ブリーフィングとは、モデレーターが中心となって、終了したグループインタビューの結果について、要点を整理したり、それぞれが感じたことを共有したりするミーティングのことである。開発マンは、気になったこと、ネタになりそうなことをあげ、モデレーターの意見を聞く。このブリーフィングから、ベネフィットが見つかる場合もあるので、しっかり時間を取って行うようにする。

開発マンは、グループインタビューの発言録が上がってきたら、しっかり目を通す。1対1面接と同じである。繰り返しになるが、報告書からアイデアは生まれない。生の発言にヒントはある。発言録をしっかり読み、そこから切り口やアイデアのネタになる何かを見つける。生の声に開発のヒントが埋もれていると思い、丁寧に読む。かなり手間のかかる作業だが、商品開発の良いネタを見つけるための手間であるので、お宝を見つけるつもりで行う。

グループダイナミクス ◇◇◇◇◇◇

集団力学とも言う。社会心理学として研究されている。人が集団になることによって、行動や思考は、個々の人の行動や集団から影響を受け、また、集団や個々の人にも影響を与えるというような集団的特性のことである。つまり、集団の中で他の人の影響を受けて、それぞれの人の行動や意識が変化することである。

要はグループで話し合うことによって、お互いに影響しあい、刺激されあって、思わぬことを思いついたり、潜在化していたものが表面化したりすることである。この作用は、開発において、アイデア会議やブレーンストーミングなどでも活用されている。自由に意見を出し合うことによって、新しいアイデアに発展したり、思いもよらない発想にたどり着いたりすることがある。アイデアや切り口を出す場面では、大いに活用される。

③ホームビジット

ホームビジットとは、調査対象者の自宅に訪問して、自宅での商品の保管状況や使用状況を観察し、それらについてインタビューを行い、対象者と商品の関係を明らかにする定性調査である。家庭用品や耐久財には有効な方法である。場合によっては、自宅ではなく、職場などの場合もある。

ホームビジットの特徴は、実際の使用状況を観察し、それをもとにインタビューするので、他の調査が記憶に頼ったものであるのに対し、かなり実態を的確に把握することができる。また、言葉にしづらい商品との関りなども理解することができる。従って、表面化しにくいベネフィットや商品の課題を発見することができる。誰がどのように使っているかをリアルに詳細に把握することもできる。

トイレタリーでは、この方法からいくつかの商品が開発されているようだ。特に使い勝手の面での発見が多く、開発のヒントに繋がっている。調査に制限の多い耐久財の調査にも向いている。実際に使っている場面に立ち会い、いろいろ聞くことができ、使用中や使用直後の生の声を聴くことができる。

具体的には、調査対象者の自宅を訪問する。対象者は、ヘビーユーザーがよいだろう。対象者の自宅でカテゴリーの商品の保管状況や使用状況を観察しながら、それについて質問したり、気が付いたこと、疑問に思ったことなどを都度質問したりする。使用者が無意識で行っていた行動なども見つけることができ、そこから潜在的なニーズの発見につながる。特に商品が置いてある場所や置き方に注視して、その理由を聞き、掘り下げていくと商品の使い勝手の課題を見えてくることがある。

開発マンが直接調査に参加し、インタビューを行うことが望ましい。それについては後述の「第2部

第3章（6）アイデアを導き出すために（P166）」を参照してほしい。開発マンがインタビューを行わない場合でも、できれば調査に同行する。そこで気が付いたこと、気になること、アイデアに繋がりそうなことなどを対象者に聞いてみると良いだろう。開発マンが調査に同行できない場合は、事前に聞いてほしいことを入念に打合せしておく。開発のヒントを得るための調査なので、できるだけ同行するようにしてほしい。

対象者の了解を得て、対象者の発言を録音させてもらい、後で発言録を作成する。1対1面接やグループインタビューと同様、発言録が上がってきたら、しっかり目を通す。対象者の自宅を訪問した時のことを思い出しながら、発言録を丁寧に読み、そこから新しいベネフィットを見つける。対象者のリアルな生活と、そこにおける発言には、必ず開発の切り口やアイデアに繋がる情報がある。

職場などで使用しているものが対象であるときには、その場所に訪問し、同様に使用者を対象に調査を行う。耐久財では、このようなケースもあるだろう。

（4）ベネフィットを探すために（定量調査を活用）

ベンチマーク消費者態度調査を使って、商品開発の切り口を見つけ出すためのベネフィット探しについて説明する。

①重視度・満足度分析

新たに生まれた市場や成長市場、変化の激しい市場においては、有効な手法である。結論から言うと、重視度が高く、満足度の低いベネフィットを見つけることが目的である。具体的な方法は、購入時の重視度と使用後の満足度をX軸とY軸にプロットし、カテゴリーにおけるベネフィットの重視度と満足度の状態を観察する。重視度が高く、満足度の低いベネフィットを見つけることができる場合がある。特に不満を持っていない場合は表面化しづらいが、満足をあまりしていないが、重視度の高いベネフィットは、開発の切り口になりうる。

全体の層で、このようなベネフィットが見つからない場合は、セグメントされたいろんな層でこの分析を行ってみる。年代別や男女別、ヘビーユーザーや先行性セグメント、使用経験が少ない使用者、など。ある特定のセグメントにおけるベネフィットが見つかる場合もある。特に使用簡便性（使い勝手や便利性）のベネフィットで見つかる場合が多い。

成熟した市場では、なかなか見つからないことも多い。成熟した市場では、あらゆるベネフィットに対応した商品がラインナップされていることが多いからだ。その場合は、次に説明する時系列分析を使う。

②重視度・満足度の時系列分析

カテゴリーにおけるベネフィットの重視度や満足度を時系列で分析していくと、変化していくことが読み取れる。この変化を読み取ることで開発の切り口のベネフィットを見つけることができる。重視度が上がりながら、満足度が下がっているようなベネフィットを見つけられれば、そのベネフィットが商品開発の重要ベネフィットとなる。時系列で見ていれば、変化はまだ小さくても、この先、大きくなっていくことが見てとれる。従って、小さな変化に着目して、仮説を立て、掘り下げた調査を行い、確信することができる。変化が小さい間に開発に取り組むことで、他社を先んじることができる。

③ユーザー変化に着目

カテゴリーユーザーの時系列変化に着目し、ユーザーが変わっていく傾向を見つけることができる場合がある。年代層が変わってきたり、男女比率が変わってきたり、あるいは明らかに新規ユーザーが増えていたりすることがある。こういう変化に気づいたら、仮説を立て、別途調査を行い、検証する。ユーザーが変化すれば、ニーズは変化するし、ニーズが変化すれば、ベネフィットも変化するものである。

例えば、女性ユーザーの少ないカテゴリーに女性ユーザーが増えつつある傾向が見て取れた場合、新規ユーザーとなった女性ユーザーは、何を期待して商品を買っているのか、仮説を立てて調べると、新しい女性ターゲット商品の切り口ができるかもしれない。その商品の発売によって、爆発的に女性ユーザーが増え、新たなカテゴリーができる可能性がある。男性ユーザー中心のカテゴリーだから、女性ユーザー対象の商品は、売上が期待できないと先入観で判断してはいけない。小さな変化から大きな成功を期待することが開発ではできるのである。

（5）先行層からヒントを得るために

先行層についての説明やヒントを得るための方法については、第1部で簡単に説明したので、ここでは、先行層の抽出方法や調査を使った切り口の作り方について説明していく。

先行層の抽出は、当該カテゴリーの商品に対する態度と意識を調べることによって行う。つまり、積極的なユーザーであり、関与度が高く、新製品の購入に積極的で、商品知識も豊富で、的確な評価ができる、そういう人たちが先行層であると考えられる。

先行層を抽出するための質問は、

○商品の情報・知識に対する態度・意識を調べる

カテゴリーの商品に関する情報に興味があるか、商品の知識は豊富か、などである。

○新製品の購入・評価を調べる

新製品に興味があるか、良さそうな新製品は買ってみるか、使用後の評価は的確か、などである。

○商品の使用態度を調べる

商品の使用は、正しい使用方法をしているか、工夫して使っているか、商品の新しい使い方をしているか、

などである。

これらの内容を具体的な質問に落とし込み、調査の質問項目として質問する。当然、これらの質問の答えが高いスコアの人たちが先行層である。その上位のどれぐらいを先行層とするか、どの質問項目を重視して選ぶかは、カテゴリーによって違うので、よく検討して先行層を定義する必要がある。

先行層が抽出できれば、その人たちを集めて、定性調査を行う。一人一人に詳しく聞いてみたいし、当該カテゴリーの商品に積極的な態度を見せると思うので、1対1面接が良い。まずは顕在化しているニーズを詳しく聞く。具体的な商品のアイデアが出るかもしれない。気になる商品やその理由、これから使ってみたい商品とその理由、将来こんな商品が発売されるようになるかも、といった予測も含めて多岐にわたって聞くほうがよい。

また、商品の使用方法は大切だ。普通に使っている場合も多いだろうが、中には工夫して使っている人もいる。提供している側が予想していなかった使い方をしている場合がある。これは大きな発見となる。

こうやって集めた情報から、新しいベネフィット、切り口、商品のアイデアなどが生まれてくる可能性は大いにある。気を付けなければならないのは、先行層から一般のユーザーに広がらないケースもあるという点である。「キャズム」という考え方である。場合によっては、ニッチな商品の切り口になるかもしれない。つまり、スキマ市場を形成するような商品の切り口になる場合もある。

◇◇◇◇◇◇

キャズム

キャズムとは、溝を意味する言葉である。経営コンサルタントであるジェフリー・ムーアがハイテク市場において、商品やサービスを成功させるために乗り越えなければならない溝があることを示した。

キャズム理論では、イノベーター理論で言うところの、イノベーター（革新者）・アーリーアダプター（初期採用者）と、アーリーマジョリティ（初期多数派）・レイトマジョリティ（後期多数派）・ラガード（遅滞者）の間に溝があるという考え方である。

イノベーター理論では、商品はイノベーターから順番に受け入れられていき、ラガードまで普及していくという考え方だが、ムーアはラガードにまで受け入れられる商品はわずかで、多くはイノベーター、若しくはアーリーアダプターにしか受け入れられない、と提唱した。

このアーリーアダプターとアーリーマジョリティの間に溝があり、容易には乗り越えられないが、これを乗り超えると大きな市場を独占することができるとも考えられている。このキャズム理論は、ハイテク市場だけではなく、多くの商品分野でも見られる傾向であると考えられている。

(6) アイデアを導き出すために

開発マンがひらめきやアイデア生み出すための環境を作っていく方法を説明する。

ひとつめの方法は、直接対象者から情報を得る定性調査のインタビュアーを開発マンがやることである。グループインタビューのインタビュアーをやるには、モデレーターとしての技量が必要だし、自分が聞きたいことを好き勝手に聞くことができるような調査ではない。どちらかというと対象者に好き勝手に発言してもらう調査方法である。従って、お勧めするのは、1対1面接である。

先行層とヘビーユーザーを対象に1対1面接調査を行う。先行層の抽出する方法や具体的な調査方法については「第2部第3章（5）先行層からヒントを得るために（P163）」を参照してほしい。基本的には同じやり方である。調査の専門家がやるか、素人がやるか、の違いである。従って、素人がインタビュアーをやることを前提に組み立ててほしい。

この調査のポイントは、この調査は何かを調査するための調査ではないことを理解しておくことだ。つまり、調査の目的は、インタビュアーである開発マンのクリエイティビティを刺激し、ひらめきを誘発することである。従って、基本的なクエスチョンフローを作っておき、それに沿ってインタビューを進めるが、クエスチョンフローにこだわらず、自由に脱線し、開発マンが気になることや興味があることを聞きたいだけ聞いて、思いついたアイデアを投げかけ、自由に対象者とやり取りしてよい。そうすることによって、ヒントになる情報や意見を得ることができる。もちろん、調査の報告書もいらない。インタビューを録音しておき、後で発言録にして読み返すことは必要である。この調査で求められるのは、山のようなアイデアメモである。先行層には、こういった開発マンの好奇心や興味に応えられる情報や知識を持っている人がいるだろう。

一方、ヘビーユーザーも調査対象者に加えておきたい。こちらは主に商品の使用法や使い勝手で困っていること、もっとこうだったら使いやすいのに、といった、たくさんの量を頻繁に使っている人の悩みを聞く。その中から、商品のアイデアを導き出す。主に使い勝手、便利性などの使用簡便性についての情報を得て、商品の改良や使い勝手を切り口にした新商品のアイデアを生み出すことができる。

もうひとつの方法は、ホームビジット調査で開発マンがインタビュアーをすることである。ホームビジットのやり方については、前述の「第2部第3章(3)ベネフィットを探すために(定性調査を活用)③ホームビジット(P158)」を参照してほしい。

開発マンが調査対象者の自宅などを訪問し、観察や質問を通して、対象者の使用状況や商品に対する感想を聞き、気になったことや気づいたことを聞くことによって、1対1面接と同様に、開発マンのクリエイティビティを刺激し、ひらめきを誘発する。リアルな生活の場面ではより一層創発されることが期待できる。

やはり、開発マンが気になることや興味があることを聞きたいだけ聞いて、対象者とやり取りすることが重要である。

この調査では、開発マンの発見とアイデア創出が主な目的なので、調査関係者が同行して、撮影や記録、録音を行う。調査報告書の必要はないが、発言録などを作成し、開発マンはそれを丁寧に読み、さらに創発されることを期待する。

先行層とヘビーユーザー

◇◇◇◇◇◇

「先行層＝ヘビーユーザー」という関係を想像しがちだが、ヘビーユーザーの中には保守的な人がかなりいる。自分の気に入ったもので満足し、新製品に興味がなく、商品に対し、さしたる不満や要望がない人たちだ。こういう人が多いことが定着したブランドの強みにもなっている。

一方、先行層の中にヘビーユーザーではない人がいるのか、というと、多くの先行層はヘビーユーザーであることが多い。先行層は、当該商品カテゴリーに対する関与度が高く、商品の情報収集に積極的で、新製品にも積極的な行動をとる。

つまり、ヘビーユーザーの中には、先行的な人と保守的な人が混在しているということになる。

第4章　商品コンセプト作成及び評価と調査

（1）商品コンセプトを練り上げるために

出来上がったいくつかの商品コンセプトをいきなりコンセプトテストに掛けて絞り込んでもよいが、結果全滅ということがある。従って、商品コンセプトをより魅力的なものに練り上げていきたい。そのために定性調査を使って、商品コンセプトの魅力的な部分や言い回しや新規性、目新しさ、競合しそうな商品などについての情報を集めていく。

定性調査は、1対1面接かグループインタビューになるが、ここではグループダイナミクスを活用するところではないので、1対1面接がよいだろう。効率よく、できるだけ多くの定性情報を集めるためにも1対1面接がよい。

ここで留意しなければならないのは、ここで行う定性調査は、出来上がった商品コンセプトを評価するための調査ではない、ということを理解しておくことだ。そもそも定性調査で評価をしてはいけない。評価をするということは、母集団の評価を推論することであり、それができるのは代表性のあるサンプルによる定量調査である。ましてや、ここでは定性調査を使って、商品コンセプトを練り上げるための定性情報を集めることが目的であるので、それをよく理解して行うことが肝要である。

大まかなインタビューの流れは、商品コンセプトを見せて、魅力的な部分とその理由、日新しいところとその理由、どんな商品を想像するか、誰のための商品だと思うか、どんな品質を想像するか、どんな使い方をしそうか、競合しそうな商品は何か、などを一通り聞くことになる。これら質問項目を整理して、クエスチョンフローを作成する。

このようにひとつの商品コンセプトに対し、聞きたいことが多く、また、質問に対する答えに対しても掘り下げて聞きたいので、ひとつの商品コンセプトについてインタビューする時間は結構必要になる。聞きたいことが多ければ多いほど、ひとつの商品コンセプトのインタビューの時間が長くなる。かといって、長くなるのを避けて、聞きたいことを絞ることはやめておきたい。調査はこなすことが重要ではなく、実のある情報を集めることが重要であるからだ。

従って、聞きたいことを丁寧にリストアップし、クエスチョンフローを作る。場合によっては、ひとつの商品コンセプトのインタビューにかかる時間は20分か、それ以上になるケースも出てくるだろう。どれくらいかかるかは、ロールプレイングのような模擬テストを行い、確認しておく。

一人の対象者にインタビューする時間を60分としたらそれでこなせる商品コンセプト数を設定する。60分くらいがインタビュー時間として限度かもしれない。話が長くなって延長するケースも想定しておく。一つの商品コンセプトのインタビュー時間が20分としたら、一人あたま3つの商品コンセプトがインタビューできる計算になる。

数多く商品コンセプトができた場合は、何人かの対象者ですべての商品コンセプトについてインタビューすることになる。となると商品コンセプトを対象者別に割り振っていくことになるが、バイアスを意識して割り振る必要がある。順序効果や近いイメージの商品コンセプトだと比較されやすいことなど、バイアスが強くかかりそうな組み合わせや固定した順序をさけるようにする。つまり、かなりランダムに商品コンセプトを割り振ることが望ましい。

対象者の人数は、出来上がった商品コンセプト数や質問数によるが、ひとつの商品コンセプトで5人にはインタビューしておきたい。それを目安に対象者の人数を設定すると良いだろう。

集まった情報をもとに商品コンセプトの見直しや練り直しを行い、より良い商品コンセプトに仕上げていく。具体的には、対象者の発言が期待していたものかどうか、違っていたら、どう違うのか、それがなぜなのか、などを検討し、それをもとに商品コンセプトを改良する。特に重要な質問は、「魅力的な部分とその理由」「目新しいところとその理由」である。ある意味、このふたつの質問が生命線なので、このふたつの質問に対する発言に留意し、商品コンセプトの見直しを行っていく。

順序効果

◇◇◇◇◇◇

調査の世界では、必ず出てくる言葉である。意味は、対象者への提示物の提示の順序によって回答や選択などに影響を及ぼす効果である。順序効果と言われるものは、いくつかのケースがある。

○質問の順序によるバイアス（偏り）。ふたつの商品を質問するとき、二つめに聞いた商品に対する回答は、一つめに聞いた商品の影響を受けるといったもの。

○選択肢の順序によるバイアス。選択肢を並べたとき、最初の方にある選択肢に回答が集まりやすいといったもの。

○定量調査で質問量が多い場合、後の方の質問に対する回答が適当になるといったもの。定性調査でも、長いインタビューで対象者がつまらないと感じた場合は、後の方の質問に対する回答が適当になる。

○セントラルロケーションテストやホームユーステストにおいて、嗜好品の比較製品テストを行うとき、最初に食べたり、飲んだりしたものが高い評価になる傾向など。

あと、順序効果とは違うが、おなかが減っているときに試食をさせたり、暑い日に冷たい飲み物を試飲させたりすると評価が高くなることがある。嗜好品の評価は、バイアスの効果を十分に考慮する必要がある。

(2) コンセプトテスト

コンセプトテストの具体的な方法について説明する。

①調査手法

コンセプトテストは定量調査なので、使われる調査方法としては、訪問面接調査、セントラルロケーションテスト、インターネットリサーチなどが考えられる。訪問面接調査は、代表性や質問に対する回答の真偽性という部分では申し分ないが、如何せん時間とお金がかかりすぎる。特に時間がかかることがネックになる。インターネットリサーチは、他の調査方法と比べ、早くて費用もかからないが、直接インタビューするわけではないので、自由回答に不安がある。自由回答は口頭で聞く方が良い。記入だとあまり良い意見や感想は得られないことが多い。コンセプトテストでは、自由回答が重要なので、インターネットリサーチは向かないだろう。両調査方法の中間的な位置づけがセントラルロケーションテストである。セントラルロケーションテストを前提としたコンセプトテストの方法について説明する。

②調査対象者

対象者は、当該開発品の属する商品カテゴリーの購入者や使用者とする。ここでは、対象者を広く設定することはしない。むしろメインターゲット層に絞り込んでもいいくらいである。調査対象者のユーザー度は、当該カテゴリーのユーザー度分布に併せておくほうが良い。ヘビーユーザー〇割、ミディアムユーザー〇割、ライトユーザー〇割といったように。ヘビーユーザーの数が少なく、分析に耐えられない場合は、ヘビーユーザーだけリクルートして、調査サンプルとして補完しておく。

新しいカテゴリー商品であるとか、既存の商品カテゴリーの消費者や使用者では評価が難しいと思われる場合は、事前にインターネットリサーチを使って、広く設定した対象者にコンセプトテストを行い、購入意向の結果によって、メインターゲット層を設定しておく。サンプル数は、多い方が良いが、理想としては1000人、セグメントした分析に耐えられる数として600人は欲しい。

対象者の抽出方法は、プレリクルートとストリートインターセプトのふたつの方法がある。プレリクルートは、あらかじめ対象者条件に合う人を調査会社のパネルや機縁法によって抽出し、調査会場に来てもらうやり方である。人数を計算でき、対象者条件もコントロールできる。出現率の低い対象者条件には最適である。ただ、リルクートの費用がかかり、わざわざ会場に足を運んでもらうため、謝礼の金額も高くなり、調査費用としては割高になる。

ストリートインターセプトは、調査会場の近くで、通行人から対象者条件に合う人を選び出し、調査会場に誘導する方法である。従って、ストリートインターセプトは、調査会場の場所によって、通行人の特性に違いが生じ、調査会場の場所によって、対象者の特徴が異なってくる。従って、対象者条件を勘案した調査会場選びが必要になる。また、対象者条件にあった人を探さなければならないため、対象者条件が甘くなりがちである。

調査会場は、プレリクルートの場合、交通の便の良い場所を選び、ひとつの会場で行うことができる。来てもらう日時を調整しておけば、スムーズな調査実施ができる。ストリートインターセプトの場合、対象者条件にもよるが、いくつかの会場で行うことが多い。いずれの抽出方法においても、代表性には留意してほしい。

③コンセプトシート

調査に使うコンセプトシートについて説明する。Ａ４縦ぐらいの用紙に、当該開発品がもつベネフィットを箇条書きにする。欲張ってたくさん書くと、どんな商品かわかりにくくなってしまうので注意してほしい。誰がどんな時に使用する商品かを書く。続いて製品特徴を箇条書きにする。商品がイメージできるように商品の写真かパッケージ案といったビジュアルを載せる。文字だけでは見づらいし、イメージしづらいので、ビジュアルを載せるのだが、当たり障りのない程度のビジュアルにする。あまりインパクトが強いビジュアルだと、ビジュアルに引きずられ、肝心のコンセプトの評価に影響を与えることになってしまうおそれがある。苦労して作り上げた商品コンセプトを高い評価にしたいからといって、高い評価を得られるように工夫したりしようとしてはいけない。当該開発品の商品コンセプトが持っている商品力を評価するために行っているので、余計なことはせず、正確な調査結果が得られるようにする。

④調査の設計

複数の商品コンセプトを評価する場合は、順序効果に配慮した調査設計にする。一人の対象者に聞くことができる商品コンセプトの数は、5つが限度だと思われる。

セントラルロケーションテストでは、アンケート用紙に記入してもらう方法とインタビュー形式で行う方法、このふたつを併用する方法があるが、インタビュー形式で行う方法をお勧めする。インタビュー形式だと真摯な姿勢で回答してくれることが期待でき、自由回答も得やすい。また、掘り下げて聞くこともできる。インタビューする調査員は、ある程度の経験や技能が必要なので、そういった調査員を確保するのが大変だったり、また、対象者一人あたまにかかる時間が他の方法より長くなるので、数をこなすのが大変だったりするが、調査結果の質といった意味で良いと思われる。

⑤調査内容

コンセプトテストでは、コンセプトシートを提示し、それを見てもらいながら、対象者に商品コンセプトを評価してもらう。主な質問は、購入意向とその理由、新規性とその理由、魅力的なところとその理由、良くないところとその理由、である。

まず、コンセプトシートをじっくり見てもらい、購入意向を5段階評価で聞く。選択回答の場合は、選択肢を提示して聞くようにする。5段階評価の選択肢を書いたものを見せながら聞くとよい。その後、その理由を自由回答として聞く。特に、購入意向を示した対象者の理由は大切であるので、しっかりと、場合によっては、掘り下げて聞いておく。

次に新規性についての評価をしてもらう。その商品コンセプトが、今までにない新しさを持っているかどうかを聞く。やはり5段階で評価してもらう。同様に選択肢を見せながら聞く。その後、その理由を自由回答として聞く。こちらは、ポジティブな回答をした場合もネガティブな回答をした場合も、その理由は大切な情報になるので、しっかりと聞いておく。

この後は、すべて自由回答になる。魅力的なところはどこかとその理由、良くないところはどこかとその理由。それぞれひとつとも限らないので、対象者が感じている魅力的なところや良くないところをできるだけ聞き出すようにする。そして、必ずその理由も聞くようにする。

調査の最後には、あとあと分析に使うフェイスシートについて、質問する。できればデモグラフィック変数やサイコグラフィック変数についても、聞けるだけ聞く。フェイスシートの質問は、インタビューでは答えにくいので、アンケート用紙に記入してもらう方が良いだろう。

⑥分析と評価

コンセプトテストにおいて、最も重視すべき質問項目は、購入意向である。この質問に対するスコアによって、商品コンセプトの消費者の受容性の程度を判断することになる。スコアの見方は、例えば、5段階評価で聞いたとして、「絶対買う」がトップボックス、「多分買う」がセカンドボックスだとしたら、このふたつの合計をトータルポジティブという。スコアとして、トップボックスが何%、セカンドボックスが何%、トータルポジティブが何%だったかを把握すればよく、「どちらとも言えない」以下のスコアは、あまり重要ではない。よくスコアを平均値にしているのを見かけることがあるが（5段階を+2～-2に数値化して平均する）、あまり意味はない。買いたいと思ってくれる人がどれくらいいるかが重要で、「どちらとも言えない」以下は買わない人と判断して、買わない程度は考慮しなくてよい。

これらのスコアがどれくらいのスコアで合格点かは、業界やカテゴリーによって違うので、一概には言えない。それぞれの業界やカテゴリーにおいて、ノルム値をもって評価することが大切である。ただ、一般論からいうと、対象者がメインターゲット層で、価格や量、容器、デザインなどを提示せずに、商品コンセプトだけで購入意向を聞いているので、60％以上のトータルポジティブ、10％以上のトップボックスが欲しいところである。トータルポジティブが60％に達していなくても、トップボックスが20％以上ある場合などは、一部のユーザーにかなり高い評価が得られていると判断できるので、検討する価値がある。

また、ヘビーユーザーのスコアも重要である。通常、対象者全体のトータルポジティブのスコアより、ヘビーユーザーのトータルポジティブのスコアが高いことを望まれる。一般的にヘビーユーザーほど商品コンセプトに対する購入意向は高い。従って、ヘビーユーザーのトータルポジティブのスコアが全体のトータルポジティブのスコアより低い場合は、なぜそのような結果になったかを分析によって、考察すべきである。

あと、購入意向でトータルポジティブの意向を示した人の理由も分析する必要がある。自由回答なので、意味の似通ったものに分類し、コード化して定量化する必要がある。この作業をアフターコーディングという。このアフターコーディングによって定量化されたデータを見て、購入意向を示した人たちの理由が開発マンの期待した結果、つまり、商品コンセプトの魅力から購入意向を示しているのであれば問題がないが、「今使っている商品が使いにくいから」「とりあえず新製品だから」などのように、商品コンセプトの魅力ではなく、現在使用の商品に対する不満や単に新製品であることなどが主な理由であれば、要検討となる。

そのほかの質問、新規性、魅力的なところ、良くないところなどの分析は、購入意向でトータルポジティブを示した人をセグメントして、分析することがメインになる。購入意向のある人の意見・評価が重要だからである。

新規性の評価も重要な質問項目である。購入意向が高くても新規性の評価が低ければ「買いたいと思うが、ありがちな商品」という評価であることを示し、こういう新製品はあまり成功しない。購入評価が低いが新規性評価が高い場合は、コンセプトを再検討する価値はある。きわものである可能性はあるが、新しさがあるということは重要な要素なので、購入意向が高くなる改良が行えれば、可能性が生まれる。

購入意向を示した人たちがどれくらい目新しいと評価してくれるかは、重要な指標である。新規性の評価が高ければ、今までにない目新しい商品として、登場感のある新製品になる可能性が高い。つまりインパクトのある新製品になると言える。逆に新規性が低いと地味目な新製品と言えるので、登場感を演出する工夫がいる。新規性が低くても発売することになれば、の話であるが。新規性の理由についてもアフターコーディングして、分析する必要がある。商品コンセプトのどの部分に新しさを感じているかがわかるからである。これも開発マンの意図した通りの反応であれば、問題ない。もしそうではない場合は、なぜなのかなどの考察が必要である。

コンセプトテストの結果としては、購入意向と新規性が合格点といえる評価が得られることが、このコンセプトテストをクリアする目安になる。購入意向が低い場合は、当該商品コンセプトがボツになり、購入意向が高くても新規性が低い場合は、新規性がなぜ低い評価になったのか、改良する方法がないのかを検討することになる。

魅力的なところとその理由、良くないところとその理由は、商品コンセプトを推敲するための材料となる情報である。魅力的なところは、開発マンが意図した結果になっているか。そうでなければなぜなのか、改良する余地はあるのか、などに活かされる。良くないところは、合格点に達している商品コンセプトをさらに良くしていくために使われる情報である。ただし、気を付けなければならないのは、欠点を改良すると長所も失われていくことがよくあるので留意する必要がある。

標本抽出（サンプリング）　◇◇◇◇◇◇

標本抽出は、サンプリングとも呼ばれ、標本調査を実施する場合に、調査対象者を選ぶことを指し、調査対象者として選ばれた人を標本（サンプル）と言う。通常、マーケティングリサーチは標本調査であるので、定量調査はもちろんのこと、定性調査であっても、サンプリングは行われる。ただし、定性調査は、全体を推論するための調査ではないので、対象者条件に合っていれば、サンプリングの方法にこだわる必要はない。

標本調査では、まず調査対象者をどういった人たちにするかを決める。デモグラフィック属性やサイコグラフィック属性、購入している商品などの消費態度などで、調査対象者の条件を決める。この調査対象者の条件に合った人たちすべてを母集団という。そして、この母集団から調査対象者を選ぶ。

標本調査では、標本調査を実施することによって、母集団の動向や考え方・態度などを推論する。従って、サンプルの代表性が重要となる。標本抽出する方法は大きく分けて二種類ある。無作為抽出法と有意抽出法である。

無作為抽出法は、母集団から等しい確率によって抽出される方法である。無作為抽出法は、どの対象者も選ばれる確率が等しいだけに、選ばれたサンプルは母集団を代表していることになる。有意抽出法は確率を導入せずに、目的に応じて人為的に選ぶ方法である。だからといって、有意抽出法で選ばれたサンプルが母集団を代表していないというわけではない。偏りをなるべく排除した方法で選ぶようにすればよい。

現在のマーケティングリサーチの調査環境では、無作為抽出法はあまり使われていない。大規模な社会調査（世論調査など）では使われている。マーケティングリサーチでは、多くの場合が有意抽出法であるので、母集団の動向や考え方や態度などを推論するためには、代表性を確保するための工夫が必要である。やはり、その辺りがしっかりしている調査会社を使う必要がある。

第5章　プロダクト開発と調査

（1）ラボラトリーテスト

第1部で説明した通り、ラボラトリーテストは、試作品の品質や性能、機能などが狙った方向に向かっているか、狙ったレベルに達しているか、をチェックするために行う。

ラボラトリーテストは、社員及び社員の家族から、ターゲットに相当する人を選び、調査の協力を依頼する。調査方法は単純で、試作品を使用してもらい、評価をしてもらう。評価は、好みの評価は避け、程度で評価してもらう。開発コンセプトに基づいて、評価軸を作り、程度で評価をしてもらうように、調査設計を行う。例えば、味であれば、甘さの程度「かなり甘い〜まったく甘くない」の5段階などや、歯ごたえの程度「かなり歯ごたえがある〜ほとんど歯ごたえがない」の5段階など。品質や機能、使い勝手などの評価軸を作り、やはり程度の評価を行う。掃除機であれば、音の大きさ「かなり音が大きい〜ほとんど音がしない」の5段階や、吸引力の強さ「かなり強力である〜まったく強力ではない」の5段階など、品質や性能に関する評価軸を作り、程度の評価を行う。調査の結果が出る前に、対象者が社員や関係者であることを念頭に置いて、調査結果として、評価軸ごとに、ここまでの評価を得なければならないという線引きをしておく。社員や関係者だと甘く評価される可能性が高い。A軸はこの数値、

B軸はこの数値、といった具合に、各評価軸の合格ラインを開発コンセプトに基づいて設定しておく。

対象者数は、もちろん多ければ多い方が良い。できれば、100人以上は集めたい。消費者ではなく、社員や関係者がサンプルなので、あくまで目安としてとらえて、開発コンセプトを満たせているかどうかを見る指標とする。

エクスパートパネルを持っている会社は、このラボラトリーテストをエクスパートパネルで行う方が良い場合もある。エクスパートパネルを使う場合は、サンプル数は少なくてもよい。評価が正確だからだ。

前述した通り、試作品が狙っている品質・製品仕様になっていないと判断される場合は、試作品の再検討や作り直しになる。試作品が狙っている品質や製品仕様になっていると判断される場合は、消費者を対象としたプロダクトテストに進む。

(2) エクスパートパネル（専門家パネル）

味・香り・肌ざわりなど官能評価を必要とするカテゴリーでは、エクスパートパネルを持つことを推奨する。エクスパートパネルは、社員で作ってもよいし、社外に持ってもよい。官能評価は、通常、分析型と嗜好型に分類されるが、エクスパートパネルの目的は、分析型である。嗜好評価は、一般消費者を対象者とした調査で行う。エクスパートパネルは、その分野に知識があり、評価能力の高い人をパネリストとする。

この分析型エクスパートパネルは、少数の人数が何らかの基準で選抜され、訓練される。カテゴリーによって必要数は違う。もちろんパネル数は多い方が良いが、評価能力が高い人じゃないと意味がないので、おのずとパネル数に限界があるだろう。

また、評価軸によって、それぞれのエクスパートパネルを設定する。例えば、味に関していうと、味覚や香りのそれぞれの軸にエクスパートパネルを設定する場合もある。塩味のエクスパートパネル、甘味のエクスパートパネルなどのように。

選抜の基準や訓練方法、パネリストとして活躍してもらう期間などは、予め決めておく。この分析型エクスパートパネルの役割は、分析機器の代用である。つまり機械でできない分析を機械に代わって人間が行うと考えてよい。従って、必要とされることは精度であり、選抜の基準や訓練方法が重要となってくる。選抜の基準や訓練方法は、日科技連や日本官能評価学会などを参考にしてほしい。

（3）改良用プロダクトテストとエクスパートパネルの活用

改良用プロダクトテストは、試作したプロダクトの改良を目的にしているので、早く結果をフィードバックしたい。セントラルロケーションテストで行えるものは、セントラルロケーションテストで行うことが望ましい。セントラルロケーションテストで行えないものは、ホームユーステストで行う。ここではセントラルロケーションテストで行うことを前提として説明する。

セントラルロケーションテストにおける留意点は、実際の使用環境に近づけるように配慮することである。例えば、要冷蔵の食品の場合は、試食してもらう製品温度は、開発マンが理想とする温度で試食してもらおうとするが、実際の場面では、そんなことはありえない。また、量や使い方なども実際の使用場面に近づけるようにしたい。

①調査対象者

対象者は、開発品のターゲットとなる人たちである。サンプル数は、定量的な分析に耐えうる数、少なくとも200サンプルは欲しい。この200サンプルは、定量調査を行う場合の最低数と考えてよい。

対象者のユーザー度は、当該カテゴリーのユーザー度分布に併せておく。ヘビーユーザー○割、ミディアムユーザー○割、ライトユーザー○割といったように。ヘビーユーザーの数が少なく、分析に耐えられない場合は、ヘビーユーザーだけリクルートして、調査サンプルとして補完しておく。

対象者の抽出方法は、やはり、プレリクルートとストリートインターセプトの2つの方法がある。対象者の抽出方法は、前述のコンセプトテストと同じ考え方である。「第2部第4章（2）コンセプトテスト②調査対象者（P174）」の項を参照してほしい。

調査方法は、やはりコンセプトテストと同様にインタビュー形式で、フェイスシートの質問項目は、記入方式にするのが良いだろう。

②調査設計

調査設計について説明する。調査のフローとしては、カテゴリーによって、いろいろなやり方があるが、一例をあげる。まず、試作品を見せ、感想を聞く。見た目の印象は、とても大切である。「見るからに××」と否定的な意見がでないかを聞いておく。次に試作品を使用してもらい、総合評価として、「どうですか、どう感じましたか」という質問に自由に答えてもらう。そして、5段階で購入意向を聞き、その理由を聞く。この時点では、包装形態やデザインは定かではないだろうし、量や価格も提示されていないと思うので、購入意向を聞くことは難しいかもしれないが、試作品を使用した実感だけで購入意向を聞く。場合によっては「デザインや価格などはまだ決まっていません」と伝え、使用した感じを答えてもらうようにする。

購入意向を聞いた後、その理由を聞くのだが、中には、購入の条件、例えば価格であるとか、を述べる対象者がいるかもしれないので、それも聞いておく。　購入意向の次は、新規性について5段階で評価を聞く。使用した試作品に新規性はあるか、その理由についても聞いておく。

その後、特性項目の質問を行う。品質評価に関わる様々な特性項目の評価軸を作っておいて、やはり5段階評価で聞く。この場合、必ず好みと程度について分けて聞く。例えば、「甘さ」で言えば、「好きな甘さである〜好きな甘さではない」の5段階評価と、「とても甘い〜まったく甘くない」の5段階評価、といったように、好みと程度を分けて聞いておく。これは好みと程度の関係を分析するためである。例えば、よく「甘すぎる」といった意見があるので甘さを抑える、といった調査結果からの改良点をあげることがあるが、甘さの程度と好みを分析すると正の相関をしていて、甘さがある方が甘さの好みとして評価が高いこともある。正確に調査結果を理解するために必要な質問である。

一通り品質の評価が終わったら、当該開発品の商品コンセプトのコンセプトシートを見せ、よく読んで理解してもらったうえで、使用してもらった試作品の商品コンセプトであることを告げ、「どうですか、どう感じましたか」という質問に自由に答えてもらう。そして、商品コンセプト通りの試作品だったかを5段階で評価してもらい、その理由を聞く。その上で、商品コンセプトに合致していたところと、合致していないところも聞いていく。

③分析と評価

分析と評価に関しては、評価が絶対評価であるため、それなりに高めの評価が出ることを念頭に置いて、結果を見るようにする。自由回答はアフターコーディングを行い、定量化し、分析する。この調査の目的が、試作したプロダクトの改良点を見出すことであるので、調査結果から改良すべき点と、どの程度改良したらよいのかの改良レベルを設定する。品質の評価が良くても、商品コンセプトとの合致度が低ければ、商品コンセプトに期待して購入した消費者が不満を感じて再購入をしてくれなかったり、「買ってみたら、がっかり」とつぶやかれたりする。理想的な調査結果とすれば、試作品を使用した後の購入意向が高く、その理由が商品コンセプトのベネフィットに起因しており、特性項目の評価も開発マンの狙い通りの品質として評価されている。そして、商品コンセプトとの合致度も高い、といった結果が得られればよい。逆に言うと、このようになっていない点が改良点になる。繰り返しになるが、必ず、改良点と改良レベルを明確にしてから改良を行うようにする。

④重回帰分析

丁寧に調査結果を見れば、改良点と改良レベルを設定できると思うが、ひとつの方法として、多変量解析による方法も説明しておく。重回帰分析を使って、購入意向を目的変数に、特性項目の好みの評価を説明変数にして分析を行う。そうすると購入意向に影響を与えている説明変数がわかり、その説明変数は好みの評価であるので、その特性項目の程度の評価との相関関係を分析すると、どの特性項目をどう改良すれば、購入意向が上がるかが予測できる。ただし、この分析方法はひとつのやり方であって、あまり頼りにせず、あくまで調査結果を丁寧に読み解き、自分で改良点と改良レベルを設定することを勧める。

⑤試作品が複数ある場合

試作品が複数ある場合、それぞれ別に調査することを勧める。一緒にやると必ず影響を受け、相対比較になってしまい、改良ポイントや、特に改良レベルが設定しづらい。

複数の試作品を絞り込む目的で行う場合は、2つの試作品の相対評価を行い、試作品が3つある場合は、AとB、BとC、CとA、というふうに2つの相対評価テストを3回行い、すぐれた試作品を選ぶ。相対比較のやり方は、次の「第2部第5章（4）プロダクト評価テスト（P196）」の項を参照してほしい。

⑥改良の実施

改良点と改良レベルが明確になったら、それを改良課題として、研究開発部門や技術部門に試作品の改良を依頼する。改良された試作品が狙い通りの改良がなされているかどうかを評価する際、官能評価が必要な場合は、エクスパートパネルによって、改良の程度が狙い通りの水準に達しているかを測ることは、有効な方法である。

試作品の改良が改良課題をクリアしていると判断したら、再度、改良用プロダクトテストにかける。前述の通り、この繰り返しによって、試作品の完成度をあげる。これが開発品成功の重要ポイントになる。

⑦セントラルロケーションテストに向かない商品

セントラルロケーションテストに向かない商品もある。調査会場では普段のように使用できない商品は、セントラルロケーションテストに向かない。食品でも自分で調理して食べる商品、例えば、食用油、調味料、冷凍食品やレトルトなどは向いていない。調理設備のある会場は少ないし、あったとしても、調理に時間がかかり、一人あたまの調査時間がかなり長くなる。また、トイレタリーや化粧品なども向いていないだろう。

耐久財でも、掃除機などは、セントラルロケーションテストでできそうだが、多くの耐久財は、セントラルロケーションテストでは、使用の実感が得られない場合もあるだろう。こうしてみると、セントラルロケーションテストに向かないカテゴリーは多いかもしれない。セントラルロケーションテストに向かない商品は、ホームユーステストで改良用プロダクトテストを行う。時間と費用はかかるが仕方がない。重要なステップなので、端折らずに行うことを勧める。

ホームユーステストで改良用プロダクトテストを行う場合は、試作品を対象者に渡すか送るかをする。ある一定期間を設け、使用してもらう。普段、当該カテゴリー商品を使用するときと同じように使用してもらう。一定期間が過ぎたら、調査員が訪問し、セントラルロケーションテストと同じような質問内容でインタビューを行う。実際の使用場面で使用してもらうので、セントラルロケーションテストより正確な評価が得られる。分析や評価方法は、セントラルロケーションテストと同じである。

◇◇◇◇◇◇

5段階評価「絶対に買う」

5段階評価の選択肢は、間隔尺度という回答方法である。この間隔尺度は、必ずしも5段階というわけではなく、10段階、7段階、4段階など、いろいろある。日本では主に5段階が使われることが多い。最近では、10段階の選択肢を設けている調査もあるが、回答があいまいになるのではないかと思う。おそらく、時系列の変化を見るために細分化した選択肢を設定していると思われる。

購入意向のように対象者の態度を明確にしたい場合は、5段階ぐらいの尺度で、選択肢間の距離があるほうが良いと考える。つまり、「買うだろう」「多分買うだろう」より「絶対に買う」「多分買う」の方が選択肢間の距離があり、態度が明確になる。「絶対に買う」という言葉が強すぎて、選択される回数が少ないのではないかと思われる人もいるだろうが、あいまいにして、どの評価も似たり寄ったりでは、調査目的が達成されない。もちろん他の言葉でも良いが、トップボックスとセカンドボックスの距離がしっかりある回答選択肢が望ましい。これは購入意向に限ったことではなく、間隔尺度すべてに言えることである。

あと、「非常に買いたい」「まあまあ買いたい」などを選択肢にする調査もあるようだが、このような選択肢は勧められない。なぜなら、「買いたいが○○だから買わない」といった気持ちの場合、買いたいを選択する可能性があるからだ。結局は、買わないつもりである。たとえば「美味しそうなので、ぜひ買いたいが、ダイエット中なので買わない」といった場合は、「ぜひ買いたい」を選択する場合が考えられる。買いたい気持ちがあるのは間違いない。しかし、行動としては買わない。調査する側は、買ってくれるかどうかを聞きたいので、この場合は「買わない」、理由は「ダイエット中なので」が正しい回答になる。選択回答においては、選択肢がとても重要なので、慎重に決めてほしい。業界やカテゴリーによって、言葉の使い方やニュアンスが違うので、それぞれの選択肢があると思う。ただ、一度決めたら、標準化しておくことが重要である。調査のたびに選択肢を変えてはいけない。調査結果は、ノルム値となって、後の調査に活かされる。

(4) プロダクト評価テスト

改良用プロダクトテストをクリアすれば、いよいよ開発品の品質評価を測るプロダクト評価テストに入る。プロダクト評価テストは、ブラインドホームユーステスト(BHUT)で行う。開発品の評価としては、最終的なテストと考えてよい。

テストにかける製品は、2つ。開発中の試作品と競合するトップブランド商品である。この2つの一対比較テストを行う。このテストで良い結果が得られれば、商品を市場に送り出しても十分戦えるレベルの品質になっている。

①調査概要

ホームユーステストであるため、対象者は、当該カテゴリーの商品を実際に使う場面で使用してもらう。つまり、普段の生活の中で使用してもらうことになる。このことにより実際的な評価が得られる。

テスト品の使用は、2つのテスト品をそれぞれ別々に使用してもらう。同時に渡して使用してもらうことはしない。ひとつめのテスト品を渡して使用してもらい、その後、ふたつめのテスト品を渡して使用してもらう。使用してもらう量は、普段、当該カテゴリー商品と同じような量を使ってもらうようにする。もちろん人によって使用量は違ってくるので、それはその人の使い方に任せる。従って、販売で想定している量を準備して渡すようにし、普段の使い方と同じように使ってもらうことを伝える。

使用期間は、当該カテゴリーの商品の使い方による。当該カテゴリー商品を使い、それなりに評価できると思われる期間を設定する。ただし、短いと急がせることになり、適切な使用ができないし、長すぎるとテスト品の評価があいまいになるので、よく検討して決めることが望まれる。

②調査方法

調査の進め方を説明する。ブラインドホームユーステストの方法はいくつかあるが、訪問面接調査がよいだろう。できるだけ代表性のあるサンプリングで選ばれた正しく母集団を代表する対象者を選定する。最終的な評価テストであるので、代表性は確保したい。サンプル数は、やはり、少なくとも200サンプル。対象者の条件は、性別や年齢、当該カテゴリー商品使用状況、使用ブランドなどで設定する。選定された対象者に調査を依頼する。調査員が訪問し、ひとつめのテスト品を渡し、商品の使用方法の説明、使用期間など、テスト品を使用してもらうにあたっての注意事項などを説明し、次回訪問の約束をする。

使用期間が終わったら、二度目の訪問をし、ひとつめのテスト品の残りを回収し、ふたつめのテスト品を渡し、ひとつめの時と同様に必要な説明を行い、次回訪問の約束をしておく。三度目の訪問では、2つのテスト品の比較評価についてインタビューする。そして、やはりテスト品の残りを回収する。

③インターネットリサーチで行う場合

インターネットリサーチでブラインドホームユーステストを行う場合は、インターネットリサーチモニターからサンプリングした対象者に調査を依頼する。サンプリングは、調査会社とよく相談して、できるだけ代表性があり、調査回答の真偽性に問題のないサンプルを確保したい。また、調査結果のクリーニングの必要もあると思うので、どれくらいの対象者数を設定したらよいかも、調査会社と相談する方がよいだろう。クリーニングとは、異常値や矛盾のある回答を調査結果から省く作業のことである。

通常では考えられないような短い時間で回答した場合やあまりにも連続して同じ回答を繰り返す場合など、あきらかに真偽性に問題があると思われる回答を除去する。そのことに関しても、調査会社とよく打合せしておく必要がある。

インターネットリサーチでブラインドホームユーステストを行う場合、テスト品は宅急便で送ることになる。また、正しく使用されるかにも不安があるので、使用方法については、丁寧に説明するようにする。ひとつめのテスト品を送り、商品の使用方法の説明、使用期間など、テスト品を使用してもらうにあたっての注意事項などを説明し、次回のテスト品送付時期を伝えておく。テスト品が到着したかの確認も忘れないようにする。

使用期間が終わったら、ふたつめのテスト品を送り、ひとつめのテスト品の残りを送り返してもらう。ひとつめの時と同様に必要な説明を行い、使用期間を伝えておく。ふたつめのテスト品の使用期間が終わったら、テスト品の返送をお願いし、2つのテスト品の比較評価について答えてもらう。

これまでのコンセプトテストや改良用プロダクトテストなどの開発のための参考情報としての調査とは違い、開発品の品質が市場で戦っていける品質かどうかを判断するための調査であるため、この調査に関しては、調査として質の確保に注力したい。

同様の調査方法でノルム値があり、ノルム値から適切な評価ができる環境にある場合は、ノルム値を活用することを勧める。

ただし、インターネットリサーチに限らず、記入式の調査では、自由回答に良い情報が期待できないので、直接インタビューして質問する訪問面接調査が好ましい。

④記号効果と順序効果

開発中の試作品と競合するトップブランドの品質を相対評価するので、開発品についてはもちろんのこと、トップブランドもテスト品としてブランドがわからないようにする（ブラインド）。記号によってバイアスがでる記号効果や順序効果に配慮した設計にする必要がある。具体的には、テスト品には、P・Qといった記号効果がでにくい記号を使う。順序効果を消すために、PとQで考えると、PとQのどちらを先に使用するかはランダムに選び、Pを先に使用したグループとQを先に使用したグループが同数になるようにする。

⑤質問内容

2つのテスト品の比較評価についてインタビューする際の質問内容について説明する。まず、最初にどちらが良いかを5段階評価で聞き、その理由を聞く。嗜好品であれば、どちらが好きかと聞くことも考えられるが、できるだけどちらが良いかと聞いた方が良い。「良い／悪い」の方が「好き／嫌い」より購入行動との関係が強いと思われる。ここで今までのように購入意向で聞かないのは、一対比較テストで購入意向を聞くと「どちらを買いますか？」という質問になり、「どちらともいえない」の回答がしにくくなるからだ。一対比較テストでは「どちらともいえない」という回答にも意味がある。「どちらともいえない」と回答した人が多い場合、両テスト品にあまり差がないと判断できるからだ。品質や機能を評価するので、「どちらが良いか」という聞き方で評価ができる。

この「どちらが良いか」とその理由が、このテストでは情報価値の8割を占める。このテストは、トップブランドに品質で勝てるかどうかのテストであるからだ。どちらのテスト品が品質的に優れているか、なぜ優れていると評価したのか、について知るためにプロダクト評価テストを行っている。従って、これらの質問に対する回答は、しっかり聞くことが重要である。ただし、無理やり回答を選ばせたり、理由を無理して聞き出すことをしてはいけないし、対象者にそのようなプレッシャーをかけてもいけない。自由にのびのびと回答できる環境を作り、急がせず、しっかりと対象者の意見を聞くようにする。

「どちらが良いか」の評価で開発品の評価を測るのだが、その理由もとても重要である。自由回答で答えてもらうのだが、対象者はどういう理由で良いと言っているのか、評価を裏付ける情報になる。アフターコーディングによって定量化して分析はするが、開発マンは、２００名程度の自由回答はすべて目を通してほしい。「どちらともいえない」と回答した人の、そう回答した理由も重要である。

この「どちらが良いか」とその理由以外の質問は、特性項目で聞いておく。「どちらの方が○○でしたか?」といった質問になる。しかし、やはりどちらかを選んだ理由に重要な情報がある。特性項目であっても優れていると思った理由は、重要な情報になる。

⑥分析と評価

当該開発品を発売するかどうかは、このプロダクト評価テストで決まる。それにはふたつの基準をクリアすることが必要となる。

まず、「どちらが良いか」の評価で、開発品はトップブランドに対して、60%対40%以上で勝っているかどうかが一つめの基準である。二つめは、開発品を支持した対象者のその理由の50%以上が開発品の狙いと合致しているかどうかである。このふたつの基準がクリアできていれば、プロダクトの品質は、十分勝てる品質だと判断してよい。60%対40%で勝つことはもちろん重要だが、支持した理由をアフターコーディングして、開発品の狙いと50%以上合致することは、なかなか難しい。しかし、開発の狙いが評価されずに、良いと言われても、開発品に自信を持つことはできない。このふたつの基準をクリアできなかったら、やはり改良をするしかない。

「どちらが良いか」の評価でトップブランドに60%対40%以上で勝っている場合でも、「どちらともいえない」の回答が多い場合には注意が必要である。「どちらともいえない」という回答を除き、どちらかを支持した人を百分率にして、算出しているので、サンプル数が200で、「どちらともいえない」が100人いる場合、60人対40人で勝ったとしても、有意差検定で差が出ない可能性がある。「どちらともいえない」は品質的に差がないと言っているわけだから、「どちらともいえない」が多い場合は、勝っていると言い難い。いずれにしろ有意差検定を行い、95%以上の信頼性で勝っていることが重要である。それ以下なら、やはり改良することになる。

⑦別の道

有意差検定において95%以上の信頼性で勝てなかった場合でも、状況によって別の道がある。「どちらともいえない」があまり多くなく（25%以下が望ましい）、95%以上の信頼性で負けている状態ではなく（つまり有意差が出なかった）、開発品を支持してくれた対象者の支持した理由が開発の狙いと50%以上合致していたら、市場に独特のポジショニングを築く商品になる可能性がある。この場合、品質から十分開発の狙いが伝わるプロダクトに仕上がっており、それを支持してくれる消費者がある一定数いると判断できる。この場合は、開発の狙いである品質の特長に、さらに磨きをかけ、特化した品質特徴をもつ商品として仕上げ、市場で独特のポジショニングをもつ商品、つまり、ニッチ商品として発売する道を選択できる。改良によって、トップブランド商品に勝てる品質に仕上げるのは、難しいと判断した場合は、このような選択もよいだろう。

⑧ホームユーステストの確かさ

消費者が、普段、自分のペースで商品を使用して評価することの重要性を認識しておくべきだ。食品で言えば、一度にたくさん食べる人・飲む人、少しずつ食べる人・飲む人、洗剤を多めに使う人、少なめに使う人、掃除機で丁寧に掃除する人、ささっと掃除する人。人によって同じ商品でも使い方は千差万別だが、消費者は、自分なりの使い方で商品を評価する。従って、自分なりの使い方をしてもらって、評価してもらうことが正しい評価であると言える。消費者は、商品を提供する側の期待通りには使用してくれない。従って、よくあることだが、「消費者は、なぜこの商品の良さを理解してくれないのだろう」と首をかしげる開発マンがいる。それは、消費者が期待した商品ではない、ということだけではなく、商品の使い方が違うため、商品の良さが伝わらない、ということもあることを知っておく必要がある。使用説明書を丁寧に読んで、その通り使う消費者は少ないことを理解しておくべきだ。

また、何度か使っていくうちに評価が変わってくることもある。最初は、「もうひとつだなあ」と思っていた商品を何度か使うと「意外に良いなあ」と評価が変わることを経験したことはあると思う。また、逆のケースもある。従って、商品によっては、何度か使ってから評価した方がよいことを知っておくべきである。

これらのことから、ホームユーステストは確かな評価を得られると言えるのである。

⑨試作品が複数ある場合や競合品がない場合

この段階になって、候補となる試作品が複数あるケースはあまりないが、ある場合について説明しておく。試作品が複数ある場合は、それぞれを競合するトップブランドとプロダクト評価テストを行う。つまり、テストにかける試作品の数だけ、プロダクトテストを行うことになる。

競合品がない、新しいカテゴリーの開発品の場合は、次で説明するコンセプトプロダクトテストによって評価をすることになる。しかし、コンセプトプロダクトテストは、単独使用による調査なので、市場における競争力を測るのには向いていない。できるだけトップブランドとの相対評価で評価することが望ましい。

◇◇◇◇◇◇

閾値

閾値とは、人の何らかの行動変容や判断・思考に影響を与える最小の量のことである。つまり、ある刺激が加えられても、ある値に満たない場合は反応せず、ある値を超えた場合には反応すると言った場合の「ある値」を閾値という。例えば、スーパーで食品の値引きが1％であれば、誰も安くなっているとは認識せず、売れ行きも普段のそれとは変わらないだろう。これが30％引きだとまったく買い物客の認識や態度が変わる。この境目にある値が閾値である。

この概念は、開発にとって、とても重要な概念である。例えば、品質や機能において、開発マンや研究開発部門や技術部門の人たちがかなり違うと評価をしても、一般消費者には閾値以下の場合がある。つまり差がわからない、もしくは違いに興味がない、ということになる。開発者は、多くの消費者が違いを認識し、購買行動に影響を与える差があるかどうかを常に意識する必要がある。

閾値は、購買リスクや関与度に影響される。例えば、スーパーでの食品が5％引きの販売ではさしたる影響はないかもしれないが、家を5％値引きして売ってくれるとなると影響が大きいかもしれない。使い勝手においても、たまにしか使わないものが少し便利になっても、さしたる価値にはならないが、毎日使っているものが、少し便利になると、その価値は大きい。また、品質や機能の違いについても、そのカテゴリーにかなりの思い入れがある人にとっては、少しの違いがかなりの違いに見えるだろうが、あまり興味がない人には、違いがわからないか、どうでもよい違いにしかすぎないであろう。

開発マンが担当しているカテゴリーの品質や機能の違いに敏感なのは、当たり前のことであり、それが消費者の品質や機能の違いの認識とずれていることも当たり前のことである。これが調査を必要とする大きな理由の一つである。

開発マンが特に留意すべき閾値は、価格・品質・機能・使い勝手などである。つまり開発に関わるほとんどすべての項目で閾値は重要である。

(5) コンセプトプロダクトテスト（CPテスト）

プロダクト評価テストをクリアしたら、いよいよ発売に向けての準備段階に入る。その第一弾が、このコンセプトプロダクトテストである。コンセプトプロダクトテストの目的は、当該開発品が発売されたら、どのような売れ行きを示すかを予測するために行う。発売に向けて、まず考えなければならないのは、生産体制や販売体制であろう。そのためにこのコンセプトプロダクトテスト活用する。ただし、このテストによる予測は、かなり大雑把なものなので、大まかな生産体制や販売体制を計画するために寄与する。

①調査概要

コンセプトプロダクトテストは、商品コンセプトテストを行い、購入意向を示した対象者にプロダクトテストを行う調査である。これによって、消費財で繰り返し購入するカテゴリーであれば、発売後、どれくらいのトライアル購入が起こり、どれくらいのリピート購入が発生するかを予測する。耐久財であれば、発売当初どれくらいの購入が起こり、購入した人がどう評価するか、それが口コミとなり、商品の評価として広がっていくか、などを予測する。

実際の購入消費行動では、パッケージや広告、パンフレット、販売員の説明によって、商品コンセプトを知り、買いたいと思った人が購入し、それを自宅等で使用し、当該商品を評価する。そして、再購入する、もしくは商品の評価を口コミで広げていく。最近は、ネットにおける口コミの広がりがかなりの影響力を持っている。

この購入消費行動の使用後の評価までの行動に近い環境を調査で再現するのが、コンセプトプロダクトテストである。

②調査方法

調査の進め方を説明する。ブラインドホームユーステストと同様にできるだけ代表性のあるサンプリングでサンプルを確保する。調査方法は、訪問面接調査がよいだろう。サンプル数は、プロダクトテストを少なくとも200サンプルで実施したいので、コンセプトテストの対象者数は、何倍かになるだろう。プロダクトテストの200サンプルが確保できるまでコンセプトテストを実施することになる。対象者の条件は、性別や年齢、当該カテゴリー商品使用状況、使用ブランドなどで設定する。

サンプリングにより抽出した対象者に調査を依頼し、調査員が訪問し、対象者条件の質問に入り、対象者に選定された人には、コンセプトテストを行う。サンプリングの段階で、対象者条件を確認しておき、対象者を確定しておく方法もある。

コンセプトテストは、商品コンセプトを記載したコンセプトシートを見せ、購入意向を質問する。つまり、コンセプトテストである。質問は5段階尺度で行う。理由は特に聞く必要はない。この時のコンセプトシートは、コンセプトテストの時に使ったコンセプトシートより簡略化する。つまり、パッケージや広告、パンフレット、販売員の説明などで伝わる範囲のコンセプトを記載したものにする。コミュニケーションコンセプトを使うのが良い。パッケージのイメージ案や想定している包装仕様・価格・量も記載しておく。消費者が商品を購入する際に入手できる必要な情報をできるだけ記載したコンセプトシートを作成しておく。ただし、売り込み文句的なものは、排除しておく方がよい。あくまで必要な情報のみ記載にしておく。

コンセプトテストでトータルポジティブの回答をした対象者に改めて、ホームユーステストのプロダクトテストの調査依頼を行う。テスト品を渡し、商品の使用方法の説明、使用期間など、テスト品を使用してもらうにあたっての注意事項などを説明し、次回訪問の約束をする。渡す量は、販売を予定している1個当たりの量と同じにする。使用期間は、想定している使用期間にする。

使用期間が終わったら、訪問し、テスト品の評価について質問する。再購入するようなカテゴリーであれば、「一度購入して使用してみたとして、また買うか」、つまり、再購入意向を5段階で聞き、その理由を聞く。再購入をしないようなカテゴリーであれば、「実際に発売になったら、必要になったときに買うか」を5段階で聞き、その理由を聞く。そして特性項目の質問を行う。

調査の質問の中に、現在使用している商品との比較評価を聞く項目は入れておく。忘れずに、テスト品の残りを回収する。

③インターネットリサーチで行う場合

インターネットリサーチでコンセプトプロダクトテストを行う場合は、プロダクト評価テストのインターネットリサーチを使う場合と同じ考え方で良い。インターネットリサーチモニターからサンプリングした対象者に調査を依頼する。サンプリングは、できるだけ代表性があり、調査回答の真偽性に問題のないサンプルを確保する。やはり、調査結果のクリーニングの必要もあると思うので、それを想定した対象者数を設定する。

インターネットリサーチでコンセプトプロダクトテストを行う場合は、まず、対象者にコンセプトテストを実施し、トータルポジティブの回答をした対象者に、ホームユーステストのプロダクトテストの調査依頼を行う。テスト品は宅急便で送ることになる。使用方法については、やはり、丁寧に説明するようにする。

使用期間が終わった後の質問内容は、訪問面接調査と同じである。テスト品の残りは返送してもらう。

④分析と評価（再購入があるカテゴリー）

初めての購入をトライアル、再購入をリピートと呼び、それぞれトライアル率、リピート率とし、算出する。

まず、コンセプトテストの購入意向の評価からトライアル率を算出する。普通に考えれば、トップボックスの「絶対買う」と答えた人はほとんど買い、セカンドボックスの「多分買う」と答えた人の半分ぐらいは買ってくれるのではないか、「どちらともいえない」と答えた人の2割ぐらいは買ってくれるかも、と考えて計算したいところだが、そうは問屋が卸さない。

まず分母が商品コンセプトを理解した人であることを忘れてはいけない。カテゴリー商品の使用者ではない。カテゴリー使用者中、何割の人に商品コンセプトを伝えられるかを考える。どの程度広告ができるか、どのくらい店頭に露出できるか、などの告知活動や販売状況を勘案して、計算しなければならない。新製品に興味のある人は、当該カテゴリーユーザーのうち、どの程度いるかも考慮しなければならない条件である。このあたりは、従来の新製品発売におけるノルム値があると正確な見込が立てられる。

肝心の購入意向の結果からどの程度の購入者が見込めるかの算出は、もっと厄介である。結論から言うと、ノルム値によってつくられた計算方法、いわゆる予測モデルが必要である。カテゴリーによって、かなり違うと思われるからだ。参考に、ある予測モデルの計算方法を紹介しておく。

このモデルでは、購入率の係数として、トップボックスが70％、セカンドボックスは35％、「どちらともいえない」は10％としている。例えば、ある開発品のコンセプトプロダクトテストのコンセプトテストの購入意向の結果が、「絶対に買う」トップボックスが10％、「多分買う」セカンドボックスが50％、「どちらともいえない」が10％だったとしよう。この結果からこのモデルを使って購入率を計算すると、

10％×0・7＋50％×0・35＋10％×0・1＝25・5％となる。つまり、商品コンセプトを理解した人のうち、1／4が購入してくれると予測できる。

リピート率は、分母が購入した消費者になる。再購入意向の調査結果から、購入率をやはり購入率係数を使って算出する。トライアルの購入率係数と同じ係数を用いることもある。この再購入率によって、売れ行きの継続性を予測することになる。

再購入のあるカテゴリーでは、トライアル率はもちろん重要であるが、リピート率が示す意味に注目しておく。リピート率の高い商品は、市場に残る可能性が高い商品であることを意味し、その数字によっては、トップブランドに成長する可能性を示唆する。逆にリピート率が低いと、よくある「消えていく新製品」になる可能性が高い。このあたりはしっかり見極め、投資をどうするか考える必要がある。

⑤分析と評価（再購入をしないようなカテゴリー）

コンセプトテストの結果は、購入率を算出するために用いる。やはり、購入率係数を使って算出する。コンセプトテストで購入率が高いと発売当初の売れ行きに期待ができる。このことは、再購入しないようなカテゴリーにとって重要である。発売当初の売れ行きが好調だと、店頭や販売員の説明で、「今一番売れている商品」という説明が付いたりする。耐久財のようなカテゴリーでは、これはかなり威力を発揮する。

問題は、使用後の評価である。再購入意向ではなく、「実際に発売になったら、必要になったときに買うか」を5段階で聞いている。これをどう解釈するかである。おそらく、こういったカテゴリーは、先行購入者の評価が口コミで拡散し、それが新たな購入者を生むと考えれば、使用後の「実際に発売になったら、必要になったときに買うか」の評価は重要である。この結果のトップボックスに評価をした人は、高い評価を口コミすることが期待できる。こういった再購入をしないようなカテゴリーは、先行購入者の評価によって、売り上げが拡大していくかどうか、決まっていく。

従って、コンセプトテストの購入意向の結果から、発売後、商品コンセプト理解者の中から、どのくらいの購入者がいるか、つまり発売当初の売れ行きはどれくらいかを予測し、プロダクトテストの結果から、口コミ拡散によるその後の売れ行きを予測することになる。

⑥競合品が想定できない商品の価格に関する質問

競合品が想定できず、プロダクト評価テストを行わなかった開発品の価格設定のための情報を集める手段を説明する。

再購入するようなカテゴリーの場合は、再購入意向を聞いた後、想定している価格を提示し、改めて再購入意向を5段階で聞く。再購入意向が下がるようであれば、想定価格が高いと評価されていると判断でき、逆に再購入意向が上がるようでは、想定価格は安いと評価されていると判断できる。再購入意向が変わらないようであれば、妥当な価格と評価されていると判断できる。

再購入をしないようなカテゴリーでは、「実際に発売になったら、必要になったときに買うか」を5段階で聞いた後、想定価格を提示し、改めて「実際に発売になったら、必要になったときに買うか」を5段階で聞く。分析は、購入意向が下がるようであれば、想定価格が高いと評価されていると判断でき、逆に購入意向が上がるようでは、想定価格は安いと評価されていると判断できる。購入意向が変わらないようであれば、妥当な価格と評価されていると判断できる。再購入するようなカテゴリーと同じような分析で良い。

ただし、これらの価格に関わる情報はあくまで参考程度にしかならない。価格を提示された後に「購入する」から「購入しない」に回答を変えることに抵抗を感じる人は結構いると想定されるからだ。つまり実際より良い評価がでると思われる。

調査結果の信頼性

◇◇◇◇◇◇

調査結果が実際の動向と合致しない場合、調査の信頼性は低下する。責任ある調査設計をしている場合はしかたがないが、費用面やスケジュール面、調査目的（社内説得を第一義としている場合など）などの理由で、調査方法選択の間違い、調査のサンプリングや調査設計によるバイアスの考慮が十分行われない、などによって不適切な調査を行い、調査の信頼性を低下させることは、避けたいことである。

その結果、調査結果が当てにならないものとして、調査結果を伴った提案が受け入れられなくなる。しまいには、調査なんかに頼っているから、ろくなものが開発できないのだ、と言われてしまうようにならないことを願う。

第6章　コミュニケーション開発と調査

(1) コミュニケーションコンセプトの作成のために

まず、コミュニケーションコンセプトを作成するための情報収集として行う定性調査の説明をする。コンセプトプロダクトテストのプロダクトテスト結果で高い評価をした人にインタビューする方法である。

この調査は定性調査であるので、言葉による文字情報を収集することを目的としている。調査方法は、グループインタビューが良い。グループダイナミクスを使って、アイデアを創発したり、すぐれた表現を生み出すためである。

グループインタビューのグループの構成は、年代、性別、世帯環境、ライフステージなどは合わせるようにする。グループ数は、多ければ多いほど、多くの情報が得られるが、4グループぐらいは実施したい。

進め方は、テスト品を使用した感想について話し合ってもらい、商品コンセプトシートを改めて提示し、テスト品との合致点、相違点について話し合ってもらう。ここまでは、ある意味振り返りである。ここからが重要なセクションになる。この商品を友達や知り合いに勧めるとしたら、どう説明するか、どうアピールするか、を話し合ってもらう。グループダイナミクスを使って、アイデアや言葉による表現を創発してもらう。対象者の中には、表現力の優れた人もいることがある。そういう人がグループダイナミクスによって、思いがけない素晴らしい言い回しを生み出してくれることがある。

この調査で得られた情報に、プロダクト評価テストやコンセプトプロダクトテストの自由回答などから拾い上げた情報を加味して、それら組み合わせてコミュニケーションコンセプトを作成していく。コミュニケーションコンセプトはいくつか作成し、定量調査で絞り込んでいく。

(2) コミュニケーションコンセプト評価

コミュニケーションコンセプトを絞り込み、確定させる手順について説明する。

まず、候補がたくさんある場合は、予備調査として、インターネットリサーチで絞り込んでおく。インターネットリサーチは、手早くたくさんのコンセプトを評価できるので、明らかに評価が低いものを省くために使う。あまり候補が多いと調査が複雑になるので、インターネットリサーチで評価が低いものを省いておくとよいだろう。

本調査は、セントラルロケーションテストが良いだろう。自由回答はあまりないので、インターネットリサーチでもかまわない。その場合は。前述の「第2部第5章(4)プロダクト評価テスト③インターネットリサーチで行う場合（P199）」の項で説明したインターネットリサーチを使う場合の留意点に沿って実施する。ここでは、セントラルロケーションテストを前提に説明するが、インターネットリサーチを使う場合でも、やり方はそう変わらない。

調査の対象者選定は、コンセプトテストと同じ考え方で良い。対象者のユーザー度は、当該カテゴリーのユーザー度分布に併せておく。対象者の抽出方法は、やはり、プレリクルートとストリートインターセプトのふたつの方法がある。対象者の抽出方法は、前述のコンセプトテストと同じ考え方である。

「第2部第4章（2）コンセプトテスト②調査対象者（P174）」の項を参照してほしい。サンプル数は、順序効果を考えて、1候補100人、候補が3つであれば300人になる。対象者の抽出方法や調査会場もコンセプトテストと同様の手順で進める。

調査で使うコンセプトシートは、コミュニケーションコンセプトのみが書かれたものを用意する。商品の特徴やイラスト、デザイン、商品仕様の説明などは一切いらない。コミュニケーションコンセプトの言葉の持つ伝達力や魅力を測る調査である。余計な要素はいらない。

調査の進め方は、やはり、順序効果に配慮した調査設計にする。一人の対象者に聞くことができるコミュニケーションコンセプトの数は、やはり5つが限度だと思われる。6つ以上ある場合は、調査を2つに分けて行う。調査を分ける場合の留意点は、分けた2つの調査にかけるコミュニケーションコンセプトは同数にすることである。そして、調査の環境や条件は、合わせておく。そうしないと、2つの調査結果を併せて評価することが難しくなる。理想的には、5つ以下にして、ひとつの調査で評価することが望ましい。

それぞれの候補を絶対評価で購入意向と新規性について5段階で答えてもらう。理由は特にいらない。その後、相対評価を行う。まず、購入意向を聞く。一番買いたいと思うもの、次に買いたいと思うもの、それぞれを選んでもらう。次に、新規性について質問する。一番新しいと思うもの、次に新しいと思うもの、それぞれを選んでもらう。

やはり、コンセプトテストと同様、インタビュー形式で聞き、フェイスシートはアンケート記入で行う。

分析と評価について説明する。最も重視すべき質問項目は、絶対評価の購入意向である。トータルポジティブがどれくらいあるか、トップボックスがどれくらいあるかで評価する。次に重視すべき質問項目は、相対評価の購入意向である。この2つの質問項目の結果で評価を行う。属性別、特にユーザー度の属性別の調査結果も分析し、評価に加える。差がない候補があった場合は、新規性の絶対評価と相対評価で評価する。

(3) ネーミング案を作るために

商品名、いわゆるブランドネームは、外部のクリエイティブ会社に依頼して、候補を作ってもらい、その中から選択するという手順がよくあると思う。社内にクリエイティブ部門を持っており、そこでネーミング案を作ってもらうこともあるかもしれない。いずれにしろ、クリエイティブ会社などにネーミング案を依頼するにあたって、準備すべきことがいくつかあるので説明する。

まず、コミュニケーションコンセプト。これは、今後コミュニケーションに関わる制作、つまり、ネーミング、パッケージデザイン、広告、パンフレットなどの制作には、常に使用する。コミュニケーションコンセプトが消費者に伝えたいことだからである。

次にネーミングの考え方。第1部で説明したネーミングの基本の「読みやすい」「聞きやすい」「言いやすい」「覚えやすい」は、当然入れておく。あと、消費者にとって、どのような存在の商品にしたいのか、開発マンの考え方も整理しておいた方が良い。

そして、調査で得られた情報を整理したもの。コンセプトプロダクトテストのプロダクトテストの時の自由回答やコミュニケーションコンセプト作成のために行ったグループインタビューの発言録を整理したものを準備する。特に対象者がテスト品を使用して得た実感を言葉にしたものは、重要である。

ネーミングを作成するための情報集めとしての調査は必要ないと思う。これまでに行った調査の定性情報を活用すればよい。むしろ、テスト品を使用した対象者の生の声に重要なヒントがあると思われるからだ。

（4）ネーミングテスト

クリエイティブから出てきたネーミング案をネーミングの基本に基づいてスクリーニングし、商標調査をかけると、使えるネーミング案はそう多くは残っていないだろう。その中に、開発マンが「これだ」と思うものがあれば、それを採用しても良いと思う。いくつか候補があり、選ぶ必要があれば、ネーミングテストを実施することになる。

調査は、セントラルロケーションテストかインターネットリサーチで行うのが良いだろう。調査の対象者選定は、コンセプトテストと同じ考え方で良い。「第2部第4章（2）コンセプトテスト②調査対象者（P174）」の項を参照してほしい。セントラルロケーションテストの場合は、サンプル数は200人。インターネットリサーチの場合は、クリーニングを想定してサンプル数を設定する。ネーミング案の相対比較の調査になる。

まず、商品のカテゴリーを説明して、開発品の内容については説明せずに、ネーミング案をすべて提示し、「この中で買いたいと思う商品名を選んでください」と質問し、購入意向があるネーミング案を選んでもらう。当然、順序効果を考慮して、並べ方を変えたものを使い、順序効果を消すようにしておく。

次に、それぞれについて、商品名からどんな商品を想像するか、どんな品質や機能をイメージするか、誰向きの商品だと思うか、などを聞く。そして、コミュニケーションコンセプトを提示し、「一番ふさわしいと思う商品名を選んでください」と質問し、選んでもらう。

調査結果の分析は、購入意向で明らかに優れているものがあれば、それで決める。逆に明らかに劣っているものがあれば、それは候補から外す。購入意向でさして差がないネーミング案がいくつかある場合は、その他の質問項目の結果で決めることになる。

(5) テーブルテスト

テーブルテストの目的は、第1部で説明したように、パッケージデザインや包装仕様の改良のための情報を得ることである。パッケージデザイン案や包装仕様をいくつか作成し、それを絞り込みながら、改良していくために調査を行う。

デザイン案は、多くても5つ、できれば3つぐらいに仕上げておく方が良い。包装仕様は、候補が3つぐらいあれば、それらを調査にかけることになる。ひとつの包装仕様で改良していくための情報を集めることもあるだろう。

調査手法は、セントラルロケーションテストが良い。パッケージデザインを見せたり、包装仕様の試作品を試用したりするからだ。調査の対象者選定は、コンセプトテストと同じ考え方で良い。「第2部第4章（2）コンセプトテスト②調査対象者（P174）」の項を参照してほしい。サンプル数は、順序効果を考えて、1候補100人が理想だが、トータルで200人、5つデザイン案がある場合は、250人にするぐらいでもよい。

デザイン案の調査の進め方について説明する。やはり、順序効果に配慮した調査設計にする。それぞれのデザイン案を絶対評価で購入意向と新規性について5段階で答えてもらい、それぞれの理由は聞いておく。その後、相対評価を行う。まず、購入意向を聞く。「一番買いたいと思うデザインは」「次に買いたいと思うデザインは」を聞き、それぞれを選んでもらう。デザイン案が3つまでだったら、一番買いたいと思うデザインだけで良い。これは、以降の質問も同様の考え方である。

次に、新規性について質問する。一番目新しいと思うデザイン、次に目新しいと思うデザイン、それぞれを選んでもらう。そして、目の付きやすさについて質問する。一番目立つデザイン、次に目立つデザインを聞く。それからカテゴリーの重要な特性項目について聞く。例えば、おいしそうなデザイン、効果のありそうなデザイン、など、それぞれ相対評価を行う。そして、最後にコミュニケーションコンセプトを提示し、一番合致しているデザイン、次に合致しているデザインを聞く。

包装仕様については、試作品が必要である。実際に使ってみないと評価はできない。説明だけで評価させると、間違った結果を得ることになる。使い勝手は、使って初めてわかるものである。実際に使ってもらって、使いやすさについて、5段階評価で答えてもらい、その理由を聞く。気になるところがあれば、それを聞き、どう改良したらよいかを聞く。いくつか候補がある場合は、相対評価でどれが一番使いやすいかなどを聞く。

コンセプトテストと同様、インタビュー形式で聞き、フェイスシートはアンケート記入で行う。分析と評価について説明する。テーブルテストは、改良のための情報集めであるが、絶対評価の購入意向や相対評価の購入意向の結果、あきらかに優れているデザイン案があれば、それに絞り込み、そのデザイン案改良のための調査結果の考察に入る。逆にあきらかに劣っているデザイン案があれば、候補から外す。

絶対評価の購入意向と新規性の評価結果とそれぞれの理由について考察し、何が購入意向に影響しているか、何が新規性に影響しているかを分析し、改良課題を抽出する。また、相対評価の結果は、それぞれのデザインの課題抽出のために考察する。

そして、パッケージデザインのチェック項目、

○目につきやすいか、目立つデザインであるか
○ベネフィットは伝わっているかどうか
○全体のデザインの印象は良いか
について、調査結果による評価と改良課題を明確にする。

包装仕様についいては、候補が複数ある場合は、この調査でひとつに絞ってよいだろう。重要なのは改良課題である。改良課題を明確にしておく。

これらの結果を受けて、パッケージデザインや包装仕様を改良していく。包装仕様が確定し、デザイン案が一つないし二つに仕上がったら、シェルフインパクトテストに進む。仕上がるまでは、テーブルテストを繰り返す。

付け加えておくと、コピー案やシズルカット候補などパッケージデザインの要素を個別に調査することをこのテーブルテストに追加して実施することも可能である。これらは相対評価で行う。

順序効果に考慮した形でコピー案を並べ、まず魅力度を聞く。一番買いたいと思わせるコピーはどれか、次に買いたいと思わせるコピーはどれか、と質問し、選んでもらう。次に、コピーで伝えたいことを説明し、合致度を聞く。一番伝えたいことが伝わっているコピーはどれか、次に伝わっているコピーはどれか、を選んでもらう。

シズルカットの場合も同様に、順序効果に考慮した形でシズルカット候補を並べ、一番おいしそうな写真はどれか、次においしそうな写真はどれか、など聞くべき質問を聞く。ただし、パッケージデザインの要素は、改良するというより選択するための調査だと考えておいた方が良い。

(6) シェルフインパクトテスト

このシェルフインパクトテストの目的は、開発品のパッケージが売り場で買ってもらえるパッケージに仕上がっているかを判断することである。従って、この調査で合格しないと発売に向かうことができない。

調査方法は、セントラルロケーションテストで、会場に売り場を作り、対象者に店に買いに来たという設定で買い物客になってもらい、売り場を再現したところで、疑似的に購入してもらう。売り場は、開発品がメインの売り場と想定している売り場をできるだけリアルに再現する。例えば、実際の売り場で使っている棚や競合品を使い、陳列パターンもメインの売り場の代表的企業などのものに習い、売り場をできるだけ忠実に再現する。そして、既存の競合品の中にテスト品を不自然ではない形で並べる。テスト品は想定価格を付けておく。

低単価のカテゴリーであれば、実際にお金を渡して、そのカテゴリーの商品を買いに来たとして、

「普段と同じように買ってください」と言い、商品を選んで購入してもらう。例えば、1000円以下の価格帯のカテゴリーであれば、1000円渡して、売り場から何かひとつ選んで購入してもらう。テスト品以外の商品を選んだ人には、その商品とお釣りをお礼として、差し上げる。テスト品を選んだ人には、テスト品を差し上げるわけにはいかないので、代わりの商品を選んでもらい、その商品とおつりをお礼として差し上げる。できるだけ実際の購入場面を再現するように努める。テスト品を選んだ対象者には、テスト品を選んだ理由を聞く。テスト品を選ばなかった対象者には、テスト品に気づいたかどうかを聞いておく。

単価の高いカテゴリーで、お礼として差し上げる金額を超えるような場合は、疑似購入をしてもらうことができないので、そのカテゴリーの商品を買いに来たとして、「普段と同じように買うつもりで選んでください」とお願いし、商品を選んでもらう。疑似購入に比べると評価は甘くなる。やはり、テスト品を選んだ対象者には、テスト品を選んだ理由を聞く。テスト品を選ばなかった対象者には、テスト品に気づいたかどうかを聞いておく。

調査の対象者選定は、コンセプトテストと同じ考え方で良い。「第2部第4章（2）コンセプトテスト

②調査対象者（P174）」の項を参照してほしい。サンプル数は、最低200人はいるだろう。カテゴリーによっては、商品数が多く、選ぶ商品が分散して、データとして定量調査の分析に心もとない場合

は、サンプル数を増やさざるを得ない。

分析と評価について説明する。まず購入率を算出する。対象者中、何人がテスト品を選んだかを百分率で算出する。調査に入る前に、購入率の合格ラインをふたつ設定しておく。購入率の数字としての合格ラインと購入率の順位としての合格ラインである。

購入率の数字としても合格ラインの作り方はカテゴリーによって、それぞれあると思う。ノルム値があれば、それに越したことはない。合格ラインの数字の設定の仕方として、ひとつのやり方を紹介しておく。当該カテゴリーの新製品が発売された場合の初回の売れ行きで理想とする販売個数を出し、それを当該売り場の販売個数のシェアに換算する。例えば発売後3日間とか1週間とか、カテゴリーによって初回の売れ行きと思われる期間を設定し、その期間の売れ行きからシェアを算出する。販売データがあれば、できると思う。それが購入率の数字の合格ラインである。甘く設定してはいけない。テストでは、テスト品が実際の購入率より高くなると考えておいた方が良い。対象者の中には、こちらの意図をくみ取って忖度してくれる対象者がいるからだ。

購入率の順位の合格ラインは、一番になることが必要なカテゴリーが多いと思う。テスト品は、新製品として位置付けられるので、多くのカテゴリーでは、発売したばかりの商品は一番売れるものでなければ、合格とは言えないだろう。もちろん、カテゴリーによっては、そうではないカテゴリーがあるかもしれないので、そういったカテゴリーの場合は、何番目までの購入率の順位を合格ラインとするかを決めておく。

この購入率のふたつの合格ラインをクリアしているかどうかがすべてである。これらをクリアしていれば、そのパッケージデザインは、買ってもらえるものに仕上がっており、市場で十分戦える商品になっていると判断できる。ただし、テスト品を選んだ理由は、分析する必要がある。開発マンが期待した理由が5割に満たない場合は、要検討である。「デザインがかわいかったから」「新製品だから」などコミュニケーションコンセプトとは関係のない理由が多く挙げられていたら、デザインをあまり変えずに、コピーなどコミュニケーションコンセプトを伝える力を強化する必要があるかもしれない。

購入率の合格ラインをクリアしていない場合は、デザインを改良せざるを得ない。テスト品を選ばなかった対象者に、テスト品に気づいたかどうか聞いているので、気づかなかったから選ばなかったのか、気づいていたのに選ばなかったかはわかる。気づいていない対象者が多い場合は、目立つパッケージになっていないことを示唆し、気づいていたのに選ばなかった対象者が多い場合には、コミュニケーションコンセプトを伝える力が弱かったことが考えられる。

不合格になったパッケージデザインは、調査結果からデザインの改良課題を抽出し、デザインの見直しを行うことになる。場合によっては、再度テーブルテストを活用しながら、デザインの改良を行うことになる。

パッケージデザインの候補が2案ある場合は、それぞれ別にシェルフインパクトテストを行う。同じ調査環境にして行うことは言うまでもない。テスト品の並べる場所も同じにしておく。ふたつの結果を比較対照するためである。

(7) プロダクトアピアランステスト

耐久財などのプロダクトデザインの評価を行う調査として、プロダクトアピアランステストを説明する。やはり、売り場のシミュレーションテストである。開発品がメインの売り場と想定している売り場を再現する。競合品を並べ、その中に自然な形でテスト品を並べる。

売り場を再現すると言っても、並べる商品はある程度絞ってよい。カテゴリーにもよるが主な競合品、トップブランドは入れておく。消費者が購入するときに比較する品目数を設定して、並べる商品数を決める(4〜6品ぐらいか)。商品はブランド名を隠した状態で実施する。見え見えの場合もあるが、テスト品がブラインドなので、競合品を合わせた仕様にしておく。

対象者は、当該カテゴリー商品を今後購入する意向のある人を選ぶ。今後1〜2年以内に当該カテゴリー商品の購入の予定がある人、購入を検討している人である。サンプル数は少なくとも200人。

対象者に、売り場に商品を買いに来たような気持になってもらい、自由に売り場を見てもらう。並んでいる商品を見比べ、見た目の印象だけで評価してもらう。あらかた商品の評価や購入意向が定まったところで、調査員の質問に答えてもらう。まず、購入意向商品の選択を行ってもらい、など、その商品を選んだかの理由を聞く。選ばなかった商品もどういう評価をしたかを聞いておく。続いて、特性項目の相対評価を行う。デザイン的に好きなものはどれか、先進的なデザインはどれか、使いやすそうな感じはどれか、など。また、特定部位の質問もしておくとよいだろう。パソコンであれば、キーボードについてなど。

1回に10人以下の対象者で調査を行う。1回当たりの調査にかかる時間は、カテゴリーによって違うと思う。1時間ぐらいかかる場合もあるだろう。サンプル数は、少なくとも200人以上になるので、1回当たり1時間ぐらいかかる調査であると、最低20時間はかかる計算になる。従って、数日間かかるテストになる場合もある。じっくり時間をかけて行った方がよい。時間も費用もかかるテストである。

分析は、やはり購入意向の選択率が最も重要である。前述のシェルフインパクトテストと同様、選択率の合格ラインを数字と順位で決めておく。商品数を絞って並べているので、それに見合った合格ラインを設定しておく。順位に関して、基本一位であることが必要であろう。やはり、発売当初、売り場で一番売れる商品にならないと成功とはいえないカテゴリーが多いと思われる。

そして、次に重要な項目は、テスト品を選択した理由である。やはり、開発マンが期待した理由が5割は欲しい。これは、デザインの狙いが伝わっているかの評価になる。

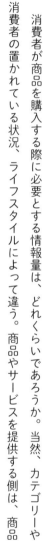

合格ラインに達していない場合は、デザインの改良や見直しをすることになるので、この場合は、調査結果から、改良の課題を見つけることになる。テスト品以外を選択した対象者の理由や特性項目の相対評価などから、改良の課題を導き出す。重回帰分析を使って特性項目の中から、購入意向に最も影響している項目を見つけることもひとつの方法である。

◇◇◇◇◇◇

関与と情報量

消費者が商品を購入する際に必要とする情報量は、どれくらいであろうか。当然、カテゴリーや消費者の置かれている状況、ライフスタイルによって違う。商品やサービスを提供する側は、商品の優れている点を中心にたくさんの情報を消費者に理解してもらいたい。しかし、消費者は必要とする情報以外は受け取らない。では、必要とする情報の量は、どうやって決まっていくのであろうか？

一般的に消費者が商品やサービスを購入する際に必要とする情報量は、購買リスクと関与度によって決まると言われている。購買リスクとは、その商品やサービスを購入するときに発生するリスクである。経済的リスク、品質・機能的リスク、心理的・社会的リスクなど。リスクが高くなれば、必要とする情報も増える。例えば、家や車を買うときなどは購買リスクが高まると思われ、多くの情報が必要とされる。

また、関与の高さも情報量に影響を与える。関与の高いカテゴリーには、消費者は多くの情報を求める。こだわりのあるカテゴリーの商品を購入する際には、あらかじめ情報を集めたりする。例えば、ワイン収集家にとってのワインの情報など。

逆に低単価で購買リスクが少なく、さしたるこだわりのない低関与の商品やサービスを購入する際は、多くの情報は必要とされない。従って、提供する側が多くの情報を提供しても雑音にしかならないのである。低リスク低関与の商品やサービスは、情報量が少なくても伝わるベネフィットや優位性があり、それをわかりやすく伝える必要がある。

第7章　発売に向けて

(1) 価格設定のために

価格設定は、開発マンにとって最も悩ましい問題であろう。基本は、トップブランドに価格を合わせる。品質や機能で勝って、価格は同等。これが最も確かな価格戦略である。

どうしても成功したいからと言って価格を安く設定すると、「安いのには訳があるはず、品質があまり良くないのでは？　原料が良くないのでは？」などマイナスの疑念を抱かれる可能性がある。品質に自信がある場合は、価格を安くせず、その分、プロモーションに費用を掛ける方がよいだろう。

問題は、トップブランドより高い価格を設定せざる得ない場合である。適正価格を調べる方法として、価格弾力性調査やPSM分析（Price Sensitivity Meter）といった方法があるが、経験的には、あまりあてにならない。

価格設定のための調査は、なかなか良い方法はない。なぜなら、調査では価格感度が低いからだ。本当に買うわけではないので、価格にはあまり意識が高くない。よほど抵抗のある価格でもない限り、価格のことが調査における購入意向に影響しないことが多い。しかし、実際に買う場面では、価格はかなり購買行動に影響を与える。価格に関しては、調査の限界があると言わざるを得ない。

それでも、どうしてもという人のために調査方法を紹介する。かなり手間のかかる方法になる。まず、再購入があまりない耐久財から説明する。耐久財の場合は、販売テストを行うことは難しいと思われるので、後述するシミュレーションテストマーケット（STM）を使う方法がある。かなりのコストと時間がかかる。

別の調査方法として、前述したプロダクトアピアランステストと同じような調査方法がある。セントラルロケーションテストで、競合品とテスト品を並べ、ブランド名を明らかにし（ブランデッド）、価格を表示する。テスト品の価格を3つぐらい設定する。トップブランドと同じ価格、希望する価格、その中間価格など。会場をそれぞれ別にして、別にテストを行う。購入意向の選択とその理由を聞いた後、価格についての評価を競合品も含めたすべての商品について聞く。調査の進め方などは、プロダクトアピアランステストと同じようにする。ただし、価格ごとに3回行わなければならない。調査結果の分析として、希望する価格でも選択率の合格ラインに達していれば、その価格で受容性があると判断できる。調査結果から、価格がどの程度購入意向に影響するか、分析することができるだろう。

問題は、再購入があるカテゴリーである。これらのカテゴリー商品は、トライアルとリピートというふたつの購入があり、それぞれにおける価格の影響度は違う。トライアルの段階では、商品コンセプトに魅力があり、興味がそそられる商品であれば、多少価格が高くてもトライアル購入されることは多い。

リピート購入は、単純ではない。品質が優れていても、価格に見合う価値があるか、そもそも、その品質はその価格を払ってでも自分にとって必要か、などの検討が行われる。または、考えるのが面倒なので、今まで使っていたものでよいという判断になることも多い。価格が同じであれば、品質が優れている方が良いと、単純な思考で判断される。

トライアル購入の価格を調べることはできる。やはり、シミュレーションテストマーケットを使うか、シェルフインパクトテストを使う方法である。シェルフインパクトテストを使う方法は、耐久財の場合と同様に価格を3つ設定し、シェルフインパクトテストを価格ごとに3回行う。調査の進め方は、シェルフインパクトテストと同じような進め方で行う。テスト品の価格に関する質問は加えておく。調査結果の分析は、やはり、希望する価格でも購入率の合格ラインに達していれば、その価格で受容性があると判断する。調査結果から、価格がどの程度購入意向に影響するか、分析することができるだろう。

リピート購入の適正価格は、調査では調べるのは難しい。テスト販売が方法としては良い。ある限られた地域で当該開発品を発売し、発売後の販売動向を調べ、トライアル購入者の追跡調査（方法は後述）を行い、リピート購入が期待通りに行われているかを調べる。

いずれにしろ、価格設定の失敗による新商品の失敗は多い。最初売れたとしても、結局市場から消える商品なども価格設定の失敗によるものがある。従って、コストダウンを検討して、トップブランドと同じ価格にするか、コンセプトの段階からプレミアムタイプとして、商品開発を行うことが良いと思われる。

(2) ブランドアイデンティファイドテスト(一対比較)

ブランドアイデンティファイドテスト(一対比較)が必要とされるのは、競合するトップブランドが長年市場に君臨し、強固なブランドイメージを有している場合である。品質や機能で明らかに優れていても、実際発売してみると、強固なブランドイメージの壁に跳ね返され、思うように売れない場合がある。このようなケースが想定される場合には、このテストを行い、どの程度トップブランドと戦えるか、発売時・発売後の戦略をどうするか、などの検討材料にする。

このテストは、テスト品と競合するトップブランド商品を、ブランドを明らかにして、相対比較する調査である。セントラルロケーションテストとホームユーステストを併用する。

①セントラルロケーションテストによる購入意向調査
調査の対象者選定は、コンセプトテストと同じ考え方で良い。「第2部第4章(2)コンセプトテスト

②調査対象者(P174)」の項を参照してほしい。サンプル数は、500人ぐらいが必要。後でサンプ

ル数200人のホームユーステストを依頼するので、かなり多めのサンプルが必要である。

対象者にテスト品とトップブランド商品を紹介し、それぞれ簡単に説明する。価格も提示する。その上で、購入意向として、5段階評価でどちらかを選んでもらう。その理由を聞く。特性項目についても相対比較を5段階評価で聞く。当然順序効果を配慮した設計にしておく。

②ホームユーステスト

セントラルロケーションテストで協力してくれた対象者の中から、ランダムサンプリングによって、ホームユーステストの依頼を行う。調査の進め方は、基本的にはプロダクト評価テスト（ブラインドホームユーステスト）と同じである。ただ、ブランドを明らかにして行う相対比較のホームユーステストである。テスト品を先に使う対象者を100名、トップブランドを先に使う対象者を100名、順序効果に配慮した設計にしておく。

三度目の訪問の際、2つの商品についてインタビューする質問内容を説明する。再購入がある商品であれば、再購入意向として、「次買うとすれば、どちらを購入するか」を5段階評価で聞き、その理由も聞く。前述のプロダクト評価テストでは、購入意向を聞かない方が良いと説明していたが、ブランドを明らかにして行い、再購入意向として聞く場合は、できるだけどちらかを選んでもらう方が良い。実際の場面でどちらかを選んで購入するのだから。

再購入がないようなカテゴリーの場合は、「必要になったら、どちらを買うか」を5段階で聞き、その理由を聞く。

どちらの場合も、やはり特性項目を5段階評価で聞いておく。特性項目の質問は、先に行っているプロダクト評価テストで行った質問項目は含んでおく。

③分析と評価

セントラルロケーションテストの結果で発売当初の売れ行きが予測できる。コンセプトプロダクトテストやシェルフインパクトテストで良い結果を得ていても、ここでトップブランドのブランドイメージの強さを思い知ることになる。当然、この結果を鑑み、コミュニケーション戦略を再検討する必要がある場合もあるだろう。それは、ホームユーステストの評価で開発品が優れていると評価された点をコミュニケーション戦略の強調ポイントにするなど、トップブランドに対抗していくためのコミュニケーション戦略の再構築を行う。これは、使用後の購入意向の質問で開発品を選んだ対象者に開発品を選んだ理由を自由回答で聞いてあるので、アフターコーディングなどで分析して見出す。実際に使用した対象者が、テスト品の優れている点を生の声で伝えてくれているので、説得力がある。

次にホームユーステストの結果から、再購入のあるカテゴリーにおける再購入状況や再購入をしないようなカテゴリーの使用後の評価がわかるので、口コミも予測できる。先に行ったプロダクト評価テストの結果とは、違っていることだろう。この違いが、ブランドイメージがもたらす品質や機能の評価へのバイアス効果である。

従って、先に行ったプロダクト評価テストの結果とこのホームユーステストの結果の比較分析を行い、トップブランドのブランドイメージが、どのようにどれだけ品質や機能の評価に影響を与えているかの分析を行い、その影響をコミュニケーションなどで最小化する方法を検討する。それによって、トップブランドと渡り合える戦略を構築することができる。

◇◇◇◇◇◇

ヒューリスティックス

発見的手法とも言う。人は意思決定を行うとき、直感的な選択や簡便な方法を用いる場合がある。これらは、経験に基づく方法で、意思決定に至る時間は短いが、必ずしも正しい判断ではなく、判断結果に一定のバイアス（偏り）があることが多い。特に購買リスクや関与度が低い場合によく用いられる。

つまり、商品選択において、合理的な判断ではなく、安直な選択によって購入することが多い。例えば「今まで使っていたから」「一番売れているから」「なんとなく良さそうなので」など。従って、低単価の消費財などは、購入のために使われる時間は短いと思われるので、すぐに判断できるわかりやすいベネフィットをわかりやすく伝えられていないと、なかなか選択してもらえない。

(3) ブランドアイデンティファイドテスト（単独）

比較するべき商品がない場合に行うが、ほぼシミュレーションテストマーケットと同じような調査になるので、ノウハウやノルム値のあるシミュレーションテストマーケットを使った方がよいかもしれない。

調査の方法を一応説明しておく。シェルフインパクトテストとホームユーステストを使い、コンセプトプロダクトテストと同じような調査を行う。シェルフインパクトテストで開発品を選んだ対象者にホームユーステストを依頼する。シェルフインパクトテストで初期販売状況を予測し、ホームユーステストで再購入意向や購入後の評価によって、その後の売れ行きを予測するといった調査になる。調査方法や分析・評価の方法は、前述のそれぞれの調査の項を参照してほしい。

（4）シミュレーションテストマーケット

発売に向けての準備を進める中で、改めて販売予測をするために行う調査が、シミュレーションテストマーケットである。コンセプトプロダクトテストで一応の販売予測を行ったが、コンセプトプロダクトテストによる販売予測は、かなり荒いものである。おおまかな生産体制や販売体制の計画を立てるためのものである。改めて、精度の高い販売予測を行って、コミュニケーション戦略の見直しや生産体制・販売体制の修正、発売時・発売後の対策や戦略の立案に寄与させる。

シミュレーションテストマーケットは、テストマーケット（テスト販売）の代わりのものである。テストマーケットとは、ある限られた地域にテスト的に新製品を発売し、売れ行きや消費者の反応を見て、商品を改良したり、商品の導入戦略を見直したり、設備投資計画を練り直したりするために行われる。近年日本ではあまり行われないが、グローバルレベルでは、ある特定の国で先行発売するなどは行われている。

テストマーケットが難しく、しかしながら精度の高い販売予測が必要な場合に、このシミュレーションテストマーケットが使われる。第1部で説明した通り、ニールセンのBASES、カンターのeValuateなどがある。その他にも予測モデルはあると思うが、これらの名のある予測モデルを使うことを勧める。というのは、予測モデルは何といってもノルム値による予測が重要である。これらの著名なモデルはかなりの調査実績があり、あらゆるカテゴリーでの実績もあるので、ノルム値も豊富である、従って、予測精度も高い。費用も高いが、ケチって予測精度の低い予測モデルを使うと、本来の意味をなさない。

第8章　発売後

(1) 発売後の販売動向の把握

商品が発売になった後は、当然販売データなどで売れ行きを調べるだろう。再購入のないカテゴリーでは、日々の販売データが重要であり、その数字を把握する。使用後の評価は後述する追跡調査で調べることになる。

再購入のあるカテゴリーでは、再購入がどの程度起こるかが重要である。ある意味、これが商品の使用後の評価を反映していると考えられる。初回購入した人のうち、2回目の購入した場合を再購入として、再購入率を算出し、この再購入率が高い商品は、市場で生き残っていく可能性が高くなる。もちろん、再購入は、初回購入した人の中からしか起こらないので、初回購入の広がりも重要である。

初回購入は、発売後の販売データであらかた掴むことはできるが、再購入は販売データからはわからない。この再購入率を出す方法は、主にふたつ。消費者パネル調査とインターネットリサーチである。実態調査なので、ノルム値による分析ができる。普段から他社の新製品も含め、再購入率を出しておいて、ノルム値を作っておく。

消費者パネル調査とは、多くの消費者を調査対象者として固定して、同じ項目の情報を継続的に収集・分析する調査である。調査対象者に、日々購入している商品やその数量、その価格や購入した店舗などの情報を記録してもらう調査手法である。これにより、何を、いつ、どこで、いくらで、どれくらい、買ったのかといった情報が得られる。

この調査を使うと、対象商品の初回購入者のうち、何人が再購入（2回目の購入）をしたか、再々購入（3回目の購入）をしたかが、時系列で追いかけることができる。また、対象品を購入した対象者が、それまでどの競合品を買っていたか、つまりブランドスイッチの状況も把握できる。この調査を使って、対象商品の発売後の購入状況を把握することを勧める。インターネットリサーチでも、質問によって同様の情報は得られるが、記憶に頼る調査よりは、購入実態を把握できる消費者パネル調査を使う方が良い。

再購入率が期待していた通りの数字や期待していた以上の数字だった場合は、初回購入を増やす対策を講じる広告やサンプリングなど、自信をもって初回購入の拡大策を積極的に打てばよい。

問題は、再購入率が期待していたより低い数字だった場合である。早く動いて対策を講じる必要がある。まずはその原因を探る必要がある。手順としては、初回購入したが、再購入しなかった人を集めて、定性調査を行う。1対1面接でよいだろう。再購入しなかった理由を聞き、仮説を立て、定量調査を行い、再購入率が低かった理由を調べる。インターネットリサーチを使うことになるだろう。

この調査結果をもとに、品質に問題があるのか、包装仕様などの使い勝手に問題があるのか、などの理由を特定する。一度使った消費者が再購入しない理由は、ほとんど商品自体に問題があると考えてよい。品質について開発段階でかなり調査して検討していれば、使い勝手に問題があることが多い。いずれにしろ、問題を見出し、改良を実行することを勧める。それもできるだけ早く。

再購入をしないようなカテゴリーの場合は、後述する追跡調査を使って、調べることになる。

(2) 追跡調査

追跡調査とは、トラッキング調査とも呼ばれ、定点的に同一の調査内容で一定期間繰り返し実施する調査のことを指す。しかし、ここでは購入者の使用後の評価を得るための調査とする。

再購入のないカテゴリーでは、購入した消費者がどのような評価をしているかを知る必要がある。それを知ることによって、今後どのような対策を打つべきかを検討しなければならない。

この追跡調査の方法はいくつかある。インターネットリサーチで購入者を抽出して、商品の評価について質問する方法、インターネットに投稿されている商品評価の収集・分析、発売時の商品にアンケートを封入して、記入してもらい、返送してもらうアンケート封入調査、など。

私が勧めたいのは、セントラルロケーションテストによる購入使用後の評価調査である。特に耐久財の場合は、会場で商品を目の前にして聞くことができるので、詳しい情報が得られる。調査会社による機縁法やパネル抽出法、インターネットリサーチによって、当該商品の購入者を抽出して、会場に来てもらう。サンプル数は、やはり200人ぐらい集められれば良いと思う。会場には、当該商品のほか、競合品も並べておく。当該商品の購入使用後の評価や感想について聞く。質問はすべて自由回答にする。5段階評価などでは聞かない。インタビューや後の分析が大変だが、その方が、使った後のリアルな感想を話しやすいからだ。

使い勝手、期待した品質や機能と比べて、満足度とその理由、それまでに使っていた商品と比較して、部位について、価格との相対価値について、他の人に勧めたいか、勧めたいとすれば、どの部分を強調するか、など評価や感想について、ひととおり聞く。そして、調査後、自由回答をアフターコーディングして分析する。開発マンは、自由回答にはすべて目を通しておく。

この調査によって、購入者が、商品の使用後、どのように商品を評価しているかを知ることができる。期待に反した評価であれば、なぜそうなったかを考察して、理由を推察する。開発段階で実施してきた調査による商品の評価と照らし合わせて、要因を見つけるようにする。期待通りの評価を得られていない場合には、改良する必要があるだろう。

購入者を集めて、定性調査を行う方法もあるが、ここで知りたいのは、購入者全体の評価を推論することであるので、定量調査が望ましい。

◇◇◇◇◇◇

情報量の増大

世の中に出回っている情報量が飛躍的に増大している。昨今のＩＴ技術の発展がいろいろな形で世の中に影響を与えているのだが、開発や調査にどんな影響があるのかを考えてみたい。

情報量が飛躍的に増えているということは、それら情報を取捨選択する能力や処理する能力の向上が必要になっていることを意味する。果たして、我々の情報選択能力や情報処理能力がそれだけ向上しているだろうか？　情報収集に関してはインターネットリサーチの普及などＩＴ技術発展の恩恵を受けているが、情報選択に関しては人間の能力に頼らざるを得ない。ＡＩの開発も進んでいるようだが、実用化にはまだ時間がかかるだろう。

我々の周りにはあらゆる情報があらゆる媒体を通して届けられる。すべての情報を受容することは不可能になり、その中から恣意的に意味あると思われる情報を選択せざるを得ないのだが、それらを価値化し、ビジネスに結びつけることは、時を追って難しくなっている気がする。

さて、消費者の情報処理量増大にも目を向けてみる。消費者の情報処理量が増えているということは、消費行動の心理的背景が複雑になっていると考えられる。なぜなら、ひとつの購買行動を取るために処理される情報量が増えていると思われるからだ。この場合、ふたつのケースが考えられる。ひとつは情報処理量が多すぎ、情報過負荷に陥って購買行動がヒューリスティックになるケース。もうひとつは多くの情報処理を行い、複雑な購買決定方略が行われるケース。どちらにしろ、開発や調査をする立場から見れば厄介なことである。つまり購買動機がつかみづらくなっているからだ。調査の設計や分析、とりわけ読み解く能力の向上がさらに求められることになる。

情報量増大がもたらす影響は、これら以外にも数多くの場面で起こっていると思われる。これらのほとんどは、我々に今まで以上の知識と技能を求めるであろう。開発や調査の環境を考える上で、開発マンや調査担当者の技能向上が必要なのは言うまでもないが、深刻なのは、状況が悪化すれば、調査の価値の低下を招き、結果として、企業の開発部門や調査部門の信頼が社内で低下し、ひいては開発や調査の環境が悪化していくことが考えられる。

第9章　開発マンの仕事は続く

発売された商品は、結果が良いにしろ、悪いにしろ、開発マンは何らかのアクションをとることになるだろう。期待通りの売れ行きを示したら、さらに売れ行きを伸ばす方法を考える。売れている商品の売れている要因を見つけ、そこをさらに強化する、もしくは強調することによって、品質の優位性を際立ったものにしていく。

期待以上の売れ行きを示したら、なぜそうなったかの理由を探す。喜んでいる場合ではない。良い場合も悪い場合も予測と違った場合には、考慮していなかった何らかの事態が起きており、それは、今後、商品の動向にどう影響するかを見極めなければならない。期待以上に良い場合は、早期に他社の類似品発売が予想される。それに備え、さらに他社より1歩前に進むための改良や商品の展開を検討しなければならない。

期待を下回る結果になった場合、開発マンは、当該商品が市場で生き残る可能性があるかどうかを判断しなければならない。市場で生き残る可能性がないと判断した場合は、どうフェイドアウトしていくかを考え、実行しなければならない。市場で生き残る可能性があるとすれば、どのようなポジショニングで行き残れるかを考え、そのための手を打たなければならない。

いずれにしろ、開発マンの仕事は続く。

◇◇◇◇◇◇

長所伸展法

長所伸展法という考え方を紹介しよう。一言で言うと「良いところを伸ばす」という意味である。対義的な言葉は「短所矯正法」である。悪いところを直すという考え方である。このふたつは、あらゆる場面で登場する。

○開発において

開発においてよくあることは、売り上げが苦戦している商品を活性化するために改良することである。この改良の仕方に多くの場合、短所矯正法が使われる。調査で当該商品の問題点を洗い出す。例えば、競合商品に比べて劣っている点を調べる、買わなくなった消費者に買わなくなった理由を聞く、などして、当該商品の欠点を調べ、それを改良する。

しかし、往々にして、この方法はうまくいかない。なぜなら、消費者は、商品の良いところを評価して買っているので、多少欠点がましになっても買う動機にはならない。当該商品を買わない理由や買わなくなった理由は、その商品の良いところより、競合商品の良いところの方が魅力的だからである。もちろん、欠点は直せるものなら直した方がよい。ただ、それが購入の動機に結びつかないことが多いということである。

では、どうするか？長所伸展法を使う。当該商品の良いところ、消費者にとって魅力的なところ、競合商品に比べ優れているところを、さらに磨きをかけ、より良くすることである。それによって、消費者により強い魅力がアピールでき、消費者の購入動機に結びつけることができる。

当該商品の良いところを磨いても、さしたる魅力度アップにならない場合は、どうするか？その場合は、より強い魅力を持った新製品を開発することである。つまり、当該商品には限界があるということを示している。

この長所伸展法は、新製品開発でも使う。例えば、ベネフィットを開発して、それにかなりの魅力があれば、プロダクト開発で徹底的にそこを磨く。そのことでより強いメッセージを消費者に送ることができるし、消費者がその新製品を使用した時にベネフィットが実感されやすい。

気を付けなければならないのは、長所と短所がトレードオフの関係にある時だ。つまり、長所を伸ばすと短所も強くなる。逆に短所を矯正すると長所が弱くなる、といった場合である。この時は、迷わず、長所を優先する。「短所を矯正したら、長所も目立たくなった」は絶対にやってはいけないことである。理想は「長所を伸ばすことによって、短所は気にならなくなる」ことである。

○人材活用において

よく教育で「長所を伸ばす」「良いところを褒める」といったことが言われる、正しい考え方だと思う。ただ、ビジネスの現場で、上司があからさまに部下を褒めているところを見ることはあまりないし、見ても、いかがなものかと思う。ビジネスの世界で、意識して褒めるということが本当に良いことなのか、私にはよくわからない。

それよりビジネスにおいて、より良い結果出すために、人材をうまく使うことを考える。野球を例にとると、足の速い選手には、盗塁の練習を多くさせて、1番を打たせる。長打力のあるバッターには、バッティング練習を多くさせて、4番を打たせる。長所伸展法&適材適所である。足は速いが長打力がないからといって、ウエイトトレーニングを多くさせて、体重を重くして、足を遅くするようなことはしない。長打力があっても盗塁が下手だからといって、盗塁の練習を多くさせても、さして盗塁は増えない。このようにプロスポーツの世界では、それぞれの得意なところに磨きをかけ、それを監督が上手く使いこなし、勝利を目指す。つまり、長所伸展法&適材適所である。

ビジネスの世界でも、スタッフのそれぞれの良いところを引き出し、うまく活用することによって、成果を出す。これがマネジメントの役割である。日本人は欠点を見たがる。「ここがだめ」「あそこがだめ」と指摘し、気を付けるように注意するのが好きだ。これをせずに、多少の欠点には目をつぶり、長所を伸ばし、長所を徹底的に活用する。そのことによって、ビジネスの成果は出るし、本人もやりがいを感じるようになる。欠点は少しずつ解消するようにしていけばよい。

そうすると、意識して褒めたり、人材を育成しよう、などと考えなくても、人は自然と育つ。

○事業戦略において

事業戦略において長所伸展法を実践している会社は多い。界面活性剤技術を応用して事業展開する、アミノ酸技術を応用して事業を展開するなど。新しい技術に取り組むというより、自社の得意の技術を掘り下げ、応用して、異業種に参入するといった会社は結構あると思うし、成功している会社もある。

事業戦略においては、長所伸展法こそが会社を発展させる最良の方法である。やり方は、SWOT分析を使って、自社の強みと外部環境の機会を異業種にまで広げてリストアップし、そこで何ができるか、何に取り組むと、自社の強みをより多く活かせるかを考えることである。

自社の長所や強みを徹底的に伸ばし、その長所や強みについては、とびぬけた存在になることこそが、会社を存続させ、発展させる最良の方法である。

○人間関係において

人間関係においては、長所伸展法というより、長所着目法というべきであろうか。人間関係がうまくいかなくなる時は、相手のいやなところが目につくようになった時である。そうなると、いやなところばかり、気になりだす。そして結果として、人間関係が上手くいかなくなる。ビジネスにおいてもプライベートにおいても、人間関係は重要である。ビジネスにおける人間関係がギクシャクすると、ビジネスもうまくいかなくなるし、プライベートにおけるに人間関係がうまくいかないと気の重いことになる。

長所着目法とは、相手の長所に目を向け、短所をできるだけ気にしないようにすることである。まず、相手の良いところを見つけ、しっかり認識しておく。悪いところが気になったら「でも、こういう良いところがあるから」と思い直す。良いところが目についたら、「やっぱり、こういうところが良いところだよな」と思う。これを続けていれば、相手のことが良く思えてくる。結果として、人間関係が上手くいくし、相手の良いところを引きだすことができるようになる。

○自分の発展において

第1部の最後の「自分自身をSWOT分析する（P101）」のところで、「強み」と「機会」を結びつける話はした。ここでは、その延長線の話になる。つまり自分の長所や強みを徹底的に磨こうという話である。商品と同じで、とびぬけた長所や強みを持てば、「余人をもって代えがたし」となる。少々の欠点は目をつぶってもらえるかもしれない。何よりもポジションがはっきりする。使う方も使われる方も、どこが出番かわかるし、自分が期待されていることがわかりやすい。

特に、若いうちは、バランスの良いビジネスマンになる必要はない。立場や地位が必要な能力を求めてくる。その時に身につければよい。重要なことは、「何をどこまでできるか」である。それがある分野で人より優れていれば、必要とされる。必要とされれば、それがやりがいになり、やりがいが努力を生む。努力が結果をもたらす。若いうちは、徹底的に自分の長所を磨くことをお勧めする。

よく「何がやりたいか」を考えろ、という話がある。もちろん、それは大切なことだが、それ以上に大切なことは「何ができるか」である。それを自分でしっかり認識し、周りにもわからせておくことが重要である。「やりたいこと」と「できること」が一致する人間は少ない。一致している人間は、いわゆる天才である。「やりたいこと」を一生懸命やるが、それが「できること」ではなかったときは、不幸である。ずっと目が出ない。逆に、多くの人間は、仕事で「できること」をやって、成果を出す。自分の得意なことを見つけ、磨き、それを武器にビジネスを行えば、凡人でもそれなりの成果は出ると思う。

長所伸展法は、あらゆる場面で使える発想法である。結果が出るだけでなく、仕事、ひいては人生が楽しくなるポジティブシンキングの最たるものである。大いに活用されることを望む。

あとがき

良い商品・良いサービスを開発することは、最高のマーケティングだと思う。消費者が喜んで買ってくれる商品やサービスを生み出すことに勝るマーケティングはない。

そういった意味で開発の仕事は、マーケティングの中核であり、花形であると思っている。私が長い間、開発の仕事に携わり、また、開発を支援する仕事に携わったことは、幸せであった。もちろん、苦しい時期もたくさんあったし、出口が見えない迷路に入り込むようなことも多々あった。売上予算や費用、利益率、投資回収など、頭の痛い問題とも常に付き合ってきたし、必ずしも社内の支持を得られたことばかりではなかった。

しかし、困難な課題を妥協せずに克服した時の達成感は、素晴らしいものがある。開発の仕事は、単なるものづくりではなく、価値を創り出し、利益を生み出す仕事である。消費者に喜んでもらい、それが会社の利益に貢献するという、なんともうれしい仕事である。

一方で、企業において、すぐれた商品やサービスを開発するためには、社内の保守的文化と戦わなければならない時がある。それまでの常識や経験に基づく判断を否定し、新しい考え方を通していかなければならないことが多い。なかなか大変なことである。

折れない心と立ち向かう勇気が必要な仕事でもある。

私が開発の仕事に没頭していた時、どうやったら売れる商品になるかを常に考えていた時期があった。また、費用をどうやってとってくるか、売上予算をどうクリアするか、社内をどうやって説得するか、つまり内向きなことばかりを考えていた。そもそも、世の中にはモノがあふれている。あの手この手を使い、売れそうな商品に無理矢理仕上げたものは、世の中に必要とされていない。それに気づくまでかなりの時間と無駄な商品をつくったように思う。

この本を読まれた方は、私のように遠回りせず、早く開発の真の役割「世の中に必要とされているものを生み出す」を実感してほしい。

この本に書かれているやり方・方法は、あくまで一例に過ぎない。開発やマーケティングは、カテゴリーや市場の状況、企業が置かれている環境、開発マンが置かれている立場などによって千差万別、ひとつとして同じ事例が当てはめられることはない。従って、この本に書かれていることを参考にしてもらって、自分なりのやり方を見つけてもらえれば幸いである。

また、開発の手順やそれに伴う調査など、この本に書かれていることをすべて実施する必要はない。

お金も時間もかかりすぎるだろう。今の時代にはそぐわないかも知れない。実際の開発では、メリハリをつけ、重要だと思われるステップでは、かなり踏み込んで調査をするが、それ以外のステップでは、簡易的な方法で行う、もしくは飛ばす、といったことも必要だと思う。もちろん、開発環境によって、重要なステップは違うので、この本では、すべてのステップにおいて、詳細に記述した。

大切なのは、何をどう開発すれば、消費者に喜ばれるか、必要としてもらえるか、を知るための道しるべとして、調査をうまく活用してほしい。

この本を書くにあたって、私にマーケティングのいろはを教えてくださった、今は亡き、近藤真寿男先生に改めて感謝いたします。また、この本を書くチャンスを与えてくださったＢＭＦＴの大橋正房さんに感謝いたします。

そして、私にマーケティングの経験や勉強の機会、きっかけを与えてくださった㈱明治、調査会社の方々や取引先の方々、大学の先生方、一緒に働いてくださった職場の皆さんや関係各部署の方々、多くの方々に感謝いたします。

二〇二〇年夏　　高見健治

参考文献

・近藤真寿男・近藤浩之『「買いたい」をつくる 成功する商品開発』BMFT出版部（2012）
・近藤真寿男・藤井隆二・上住元彦他『「買いたい」をつくる 成功マーケティング実例』BMFT出版部（2012）
・杉本徹雄（編著）『マーケティングと広告の心理学』朝倉書店（2013）
・杉本徹雄（編著）『新・消費者理解のための心理学』福村出版（2012）
・平久保仲人『消費者行動論』ダイヤモンド社（2005）
・W・チャン・キム、レネ・モボルニュ『ブルー・オーシャン戦略 競争のない世界を創造する』有賀裕子訳、ランダムハウス講談社（2005）
・ジェフリー・ムーア『キャズム』川又政治訳、翔泳社（2002）
・エベレット・ロジャーズ『イノベーションの普及』三藤利雄訳、翔泳社（2007）

著者
高見 健治（たかみ けんじ）

1982年同志社大学経済学部卒業。同年、明治製菓株式会社入社。
菓子営業を経て1987年商品企画部へ。
キャンデー、ガム、チョコレートの開発を担当。
2002年沖縄支店長。
2005年顧客情報部長、
マーケティングリサーチや販売データを使って、開発や営業を支援。
2011年明治製菓と明治乳業が統合、株式会社明治の発足に伴い、
マーケティング情報部長に就任。
2012年子会社の洋菓子メーカー株式会社フランセに出向、社長に就任。
他の子会社やお客様相談部を経て、
現在（2020年）カカオマーケティング部に所属。

開発マンが書いた調査の本
マーケティングリサーチの使い方

2020年8月25日　第1刷発行

著　者　　高見健治

発行者　　大橋正房

発行所　　株式会社B・M・FT出版部
http://www.bmft.co.jp/
〒107-0062 東京都港区南青山7-4-2 アトリウム青山3F
電話 03-5466-7190

印刷製本　上毛印刷（株）
〒171-0022 東京都豊島区南池袋2-3-5
電話 03-3984-8576

デザイン　東京100ミリバールスタジオ

ISBN978-4-9904895-7-1　C2034
¥2400E
Printed in Japan

BMFT出版部の本

「買いたい」をつくる　成功する商品開発
著者　近藤真寿男、近藤浩之　ISBN4990489535　定価1800円（税抜）

「買いたい」をつくる　成功するマーケティング実例
著者　近藤真寿男、藤井隆三、三谷康人、上住元彦、平石奎太　ISBN4990489527　定価1600円（税抜）

ふわとろ　シズルワード「おいしい」言葉の使い方
著者　大橋正房、大手仁志、汲田亜紀子、武藤彩加、瀧本明代 他　ISBN4990489551　定価1800円（税抜）

シズルワードの現在「おいしいを感じる言葉」調査報告
編著　BMFTことばラボ　ISBN499048956X　定価4800円（税抜）